CB056514

MARCO HAURÉLIO

O CAVALEIRO DE PRATA

ILUSTRAÇÕES: Klévisson Viana

cultura

2016 © Marco Haurélio, texto
2016 © Klévisson Viana, ilustrações
2016 © Editora de Cultura
ISBN 978-85-293-0196-9

Todos os direitos desta edição reservados
EDITORA DE CULTURA LTDA.
Av. Sapopemba, 2.722 – 1º andar
CEP 03345-000 – São Paulo – SP – Brasil
Fone: (55 11) 2894-5100

atendimento@editoradecultura.com.br
www.editoradecultura.com.br

Partes deste livro poderão ser reproduzidas, desde que obtida prévia autorização escrita da Editora e nos limites previstos pela Lei 9.610/98, de proteção aos direitos de autor. Além de gerar sanções civis, a violação dos direitos intelectuais e patrimoniais do autor caracteriza crime.

Primeira edição: Junho de 2017

Impressão:	5ª	4ª	3ª	2ª	1ª
Ano:	21	20	19	18	17

Dados Internacionais de Catalogação na Publicação (CIP)
(Elaboração: Aglaé Lima Fierli, CRB9-412)

H312c   Haurélio, Marco, 1974-
O cavaleiro de prata / Marco Haurélio; ilustrações de Klévisson Viana. – São Paulo: Editora de Cultura, 2016.
80 p. : il 16x23 cm. – (Coleção Cordel na estante)

Aventura heroica inspirada na lenda arturiana e na história de Robin Hood
Contém Glossário de termos
ISBN: 978-85-293-0196-9

1. Literatura de cordel brasileira. 2. Mitologia nórdica.
I. Título. II. Viana, Klévisson, ilust.

CDD 398.5

Índice para Catálogo Sistemático
Literatura de cordel : Brasil   398.5
Mitologia nórdica : Idade Média   293

Apresentação

O primeiro livro de que se tem notícia, o Épico de *Gilgamesh*, surgido na Mesopotâmia há pelo menos quarenta séculos, era um poema narrativo e tinha como protagonista um semideus em uma jornada heroica, que incluía combate com seres monstruosos e a busca pela imortalidade. As epopeias gregas, *Ilíada* e *Odisseia*, atribuídas ao poeta cego Homero, datadas do século VIII a.C., também trazem relatos heroicos que serviram de modelo a outras obras, incluindo a *Eneida*, de Virgílio (século I d.C.) e *Os Lusíadas*, a imortal criação de Luís de Camões sobre as conquistas marítimas de Portugal. Integram o rol de lendas heroicas o poema épico anglo-saxão *Beowulf*, composto entre os séculos VIII e XI, e o *Ramayana* hindu, redigido por Valmiki, provavelmente, no ano 500 a.C. As novelas de cavalaria, em especial as do ciclo do Rei Artur, inspiraram o poeta e clérigo francês Chrétien de Troyes (c. 1135-c. 1191), que bebeu na fonte da tradição e nos legou obras como *Lancelote, o cavaleiro da carroça* e *A busca do Graal* (ou *Perceval*).

Outra vertente da poesia heroica, no entanto, floresceu no norte da Europa. A *Edda* em verso ou *Edda* poética, que integrava o manuscrito islandês *Codex Regius*, de autor desconhecido, reunia informações sobre deuses e heróis nórdicos, como Odin, Balder e Loki. A *Edda* em prosa, compilada um pouco antes por Snorri Sturluson (1179-1241), da qual restam fragmentos, trazia os textos elementares das mitologias germânica e escandinava. Mitos como o do anel dos nibelungos, cujos protagonistas são os infortunados amantes Siegfried e Brunhilde, ou da jornada do deus do trovão Thor (o germânico Donnar) ao Jotunheim, o país dos gigantes, preservados nos antigos manuscritos, revelam um mundo fascinante que nem mesmo a conversão dos povos do norte ao cristianismo e a perseguição sofrida pelos que conservaram, em parte, as antigas crenças, fizeram desaparecer.

A grande tradição poética foi, pouco a pouco, desaparecendo ou sendo marginalizada. As baladas e os romances, preservados pela memória popular, no entanto, ganharam o século XIX e, com a eclosão do Romantismo, sagas de heróis e deuses semiesquecidos foram revisitados por poetas e compositores. Este renascimento tornou possíveis obras como a tetralogia *O anel do Nibelungo*, o drama musical *Tristão e Isolda*, do alemão Richard Wagner (1813-1883), e os estudos sobre a mitologia alemã dos célebres irmãos Jakob e Wilhelm Grimm. Os livros do povo alemão, a literatura de *colportage* francesa, as baladas inglesas e os romances de cordel portugueses são tributários da grande tradição poética. Não por acaso, o Brasil, que recebeu, de Portugal principalmente, o modelo da poesia popular narrativa e os romances em versos, desenvolveu, aprimorou e reelaborou os velhos contos tradicionais, que forneceram matéria para clássicos como *História de Juvenal e o dragão*, de Leandro Gomes de Barros (1865-1918), o primeiro texto em cordel que traz o herói mitológico, o matador de dragões, como protagonista.

O Cavaleiro de Prata, romance de cordel, composto em sextilhas de sete sílabas poéticas, filia-se ao gênero épico que rendeu muitos clássicos à poesia bárdica do Nordeste brasileiro. A lenda do príncipe Borg, que abandona seu país e, em sua jornada aventurosa, conquista a amizade do gigante Guruk, repete em parte as trajetórias lendárias de Gilgamesh e Enkidu, Hércules e Iolau, Teseu e Pirito, Rei Artur e Lancelote, além de personagens do cinema, em gêneros tão díspares como o *Western* e a Fantasia. Alguns deuses da mitologia nórdica, como Odin, Thor e Loki, são citados e suas ações explicam, em parte, a história. O convite está feito, portanto. Os versos do menestrel, mais uma vez, visitam velhos cenários, hoje desfigurados pelo tempo, para contar uma história que envolve seres maléficos e "heróis cobertos de glória".

Que comece a viagem!

Marco Haurélio

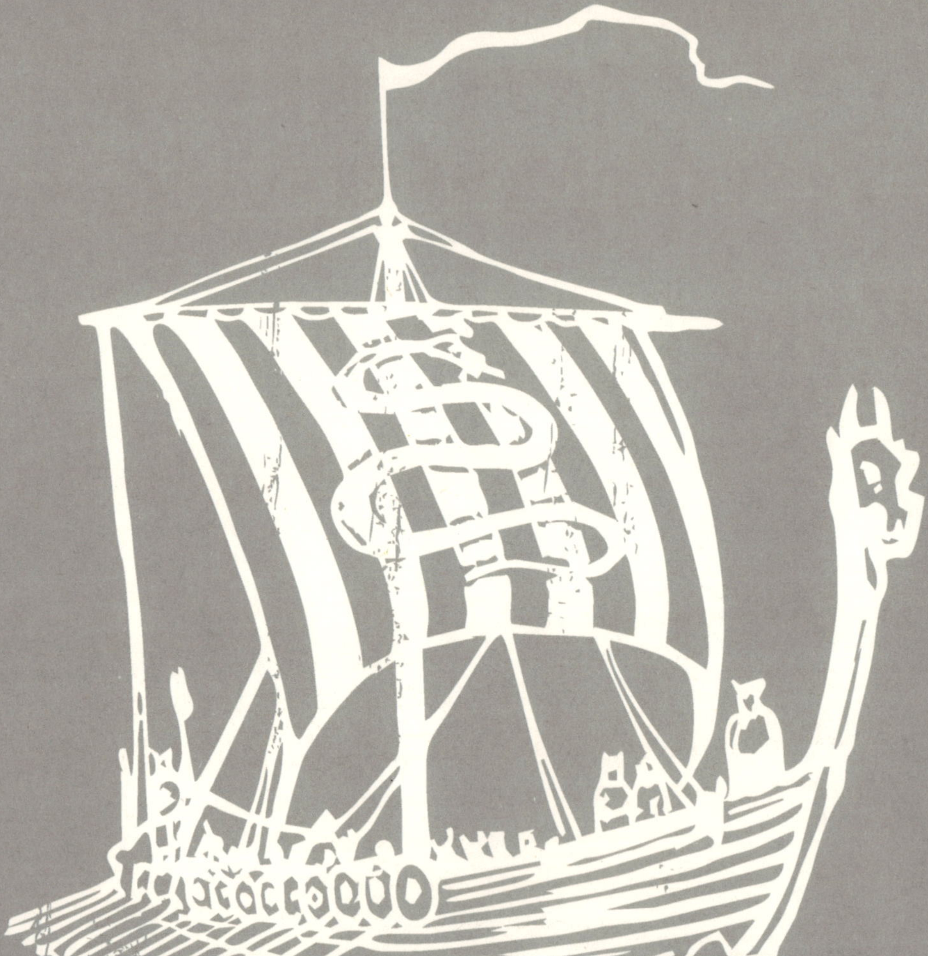

O CAVALEIRO DE PRATA

Terras há muito esquecidas
Hoje estão repovoadas,
Seus cenários recobertos,
Suas glórias olvidadas,
E as grandes lendas parecem
Para sempre sepultadas.

Porém, como uma centelha,
A lenda chega até nós,
Revivendo uma era mítica,
Como igual não houve após,
De cujas reminiscências
Falavam nossos avós.

O vento vaga no norte
Do continente europeu
Narrando a saga dos povos
Que o tempo quase esqueceu,
Porém, cuja tradição
De todo não se perdeu.

Pois ainda sobrevive
Nas narrativas orais
Que conseguiram transpor
As cercas nacionais
E, espalhadas pela Terra,
Se tornaram imortais.

Neste livro, narro a lenda
De um guerreiro altivo e forte,
O príncipe Borg, orgulho
Dos velhos povos do Norte,
Que celebraram seus feitos
Em vida e depois da morte.

Ele segue em seu ginete
Às margens de um grande rio,
Correndo uma região
Castigada pelo frio.
O herói buscava a glória
Naquele país sombrio.

Filho do rei godo Inger,
Há anos estava ausente
Lutando contra os avaros
Numa guerra inconsequente,
Que depois lhe pareceu
Sangrenta, vã, inclemente.

Uma armadura possante
O seu corpo protegia.
Se um perigo o ameaçasse,
Ele a espada brandia
Por Cavaleiro de Prata
Todo o mundo o conhecia.

Nas andanças, travou lutas
Com monstros descomunais,
As criaturas perversas
Dos gigantes ancestrais
Sobrevivente de tempos
Que não voltarão jamais.

Queria provar ao pai
Sua bravura tamanha.
Para tanto era preciso
Obrar incrível façanha,
Enchendo de orgulho as terras
Da primitiva Alemanha.

O cavalo do rapaz
Detém o passo assustado,
Ouvindo o som de um carvalho
Que está sendo vitimado
Pela fúria desmedida
Do mais prosaico machado.

O lenhador era um homem
De forma descomunal,
Com aparência sinistra
E uma força sem igual,
Porém, Borg via nele
O companheiro ideal.

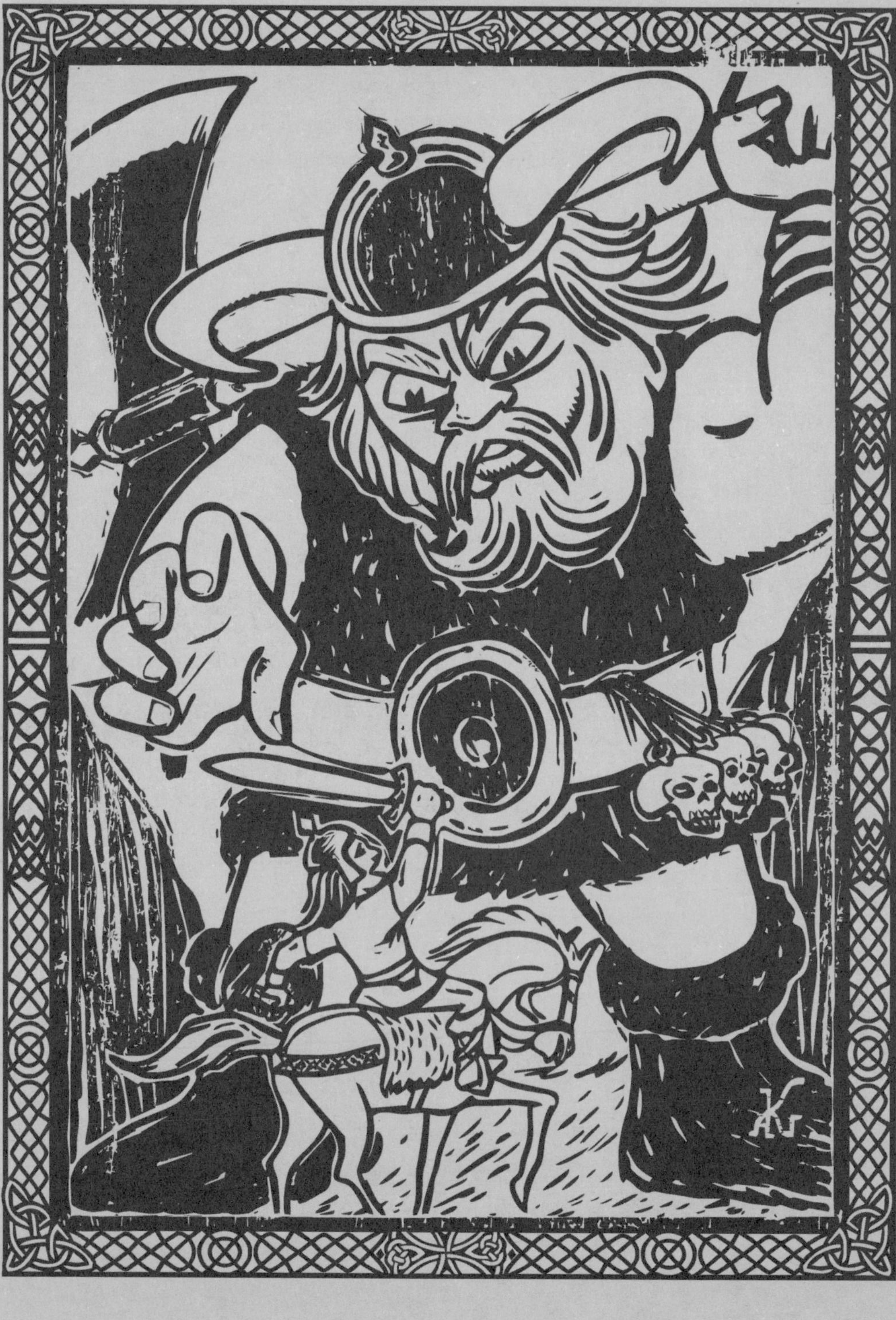

Saudou-o, mas o gigante
Não parou de trabalhar
Como se o bom cavaleiro
Não merecesse um olhar.
Contudo, Borg encarou-o
E começou a falar:

— Homem de grande estatura,
Respeitável lenhador,
Detém-te um minuto apenas
E faz-me um grande favor.
Eu sou herdeiro de um trono,
De muitas terras senhor.

Respondeu o homem rude:
— Se alguma decência resta,
Que valor terá um príncipe
Que a me perturbar se presta?
Saibas que sou rei do vale
E senhor desta floresta!

E aqui nestes meus domínios
Ninguém manda senão eu.
Até os Elfos respeitam-me,
Tal o poder que é o meu.
Diz-me agora, cavaleiro,
Qual é o desejo teu?

— Filho do Céu e da Terra,
Não conheces a humildade,
Que é a principal virtude
De uma grande autoridade?
Pois sem modéstia ninguém
Jamais é rei de verdade.

As palavras do rapaz
Feriram o homenzarrão,
Que, rápido igual a um raio,
Foi em sua direção:
Fez cavalo e cavaleiro
Se espatifarem no chão.

A força daquele ser
Deixou o moço espantado,
Notou que o gigante estava
Ainda mais irritado:
Alguns segundos a mais
E ele estava liquidado.

O príncipe não conseguia
Sequer erguer sua espada;
Beijou logo um velho anel,
Depois, não disse mais nada,
Compreendendo, talvez,
Que era o final da jornada.

Mas o olhar do gigante
Deteve-se nesse anel.
Perguntou: — Esta é a joia
Do lendário Jorgor-El,
Que lhe foi presenteada
Pela princesa Ariel?

Responde o moço, surpreso:
— Tu falas de meus avós.
Chamo-me Borg e descendo
Duma linhagem de heróis,
Que nem o tempo e a morte
Silenciaram a voz.

Meu avô, rei Jorgor-El,
Até hoje é celebrado;
O seu orgulho guerreiro
Jamais será olvidado.
Mesmo na Terra do Gelo
Seu grande nome é lembrado.

Por Gork, rei da Bretanha,
Minha avó foi raptada.
Em uma nave ligeira
Foi para a ilha levada.
Meu bravo avô preparou-se
Para salvar sua amada.

Sunna e Moona o conduziam
Através do Mar do Norte,
Onde sua embarcação
Seguia em busca da sorte:
A redenção do amor
Ou a desdita da morte.

Vários heróis de destaque
Entre os bravos tripulantes;
Um guerreiro valoroso
Descendente dos gigantes
Contava aos demais seus feitos
Quase sempre extravagantes.

Tinha por nome Guruk
O gigante destemido.
Em suas possantes mãos
Muitos haviam morrido.
Jamais entrou em batalha
Que não tivesse vencido.

Seus antepassados eram
Dos montes escandinavos,
Onde os reis mais poderosos
Tornaram-se seus escravos,
Pois Guruk era o herdeiro
De uma legião de bravos.

— Não queria interromper
Tua bela narrativa —
Torna o gigante dizendo:
— Mas a história me cativa
E a lembrança dessas coisas
Em minha mente está viva.

Sou o gigante Guruk
E estive na expedição
Que arrasou com a Bretanha
Sem nenhuma compaixão,
Restabelecendo a ordem
Na tua bela nação.

Pelas mãos de Jorgor-El
O rei Gork pereceu,
Um vento devastador
A famosa ilha varreu;
Só cessou quando a princesa
Ariel apareceu.

Fora presa numa gruta,
Guardada por um dragão.
Exterminar a tal fera
Era a única solução.
Muitos de nossos valentes
Tombaram nessa missão.

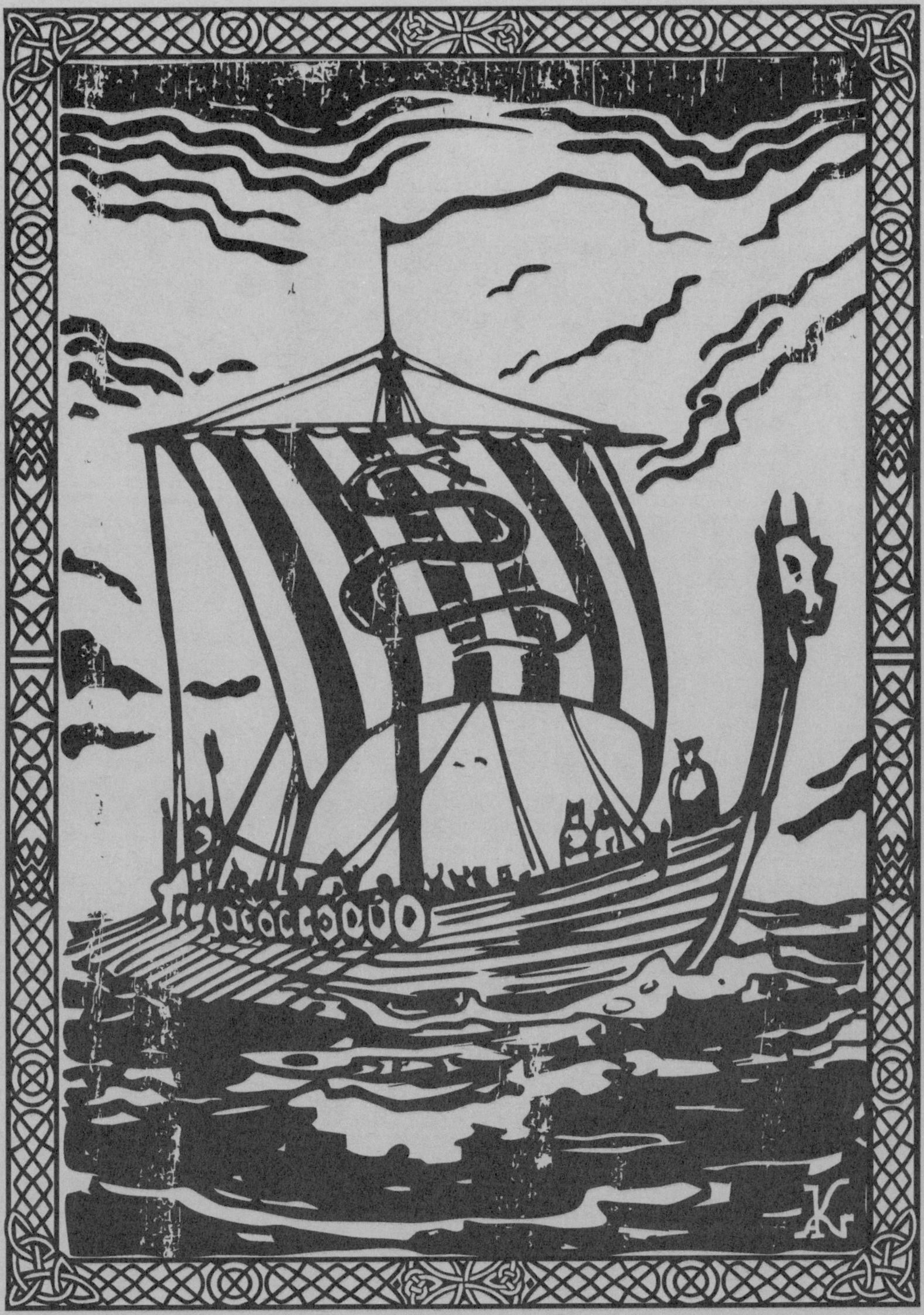

Gork, da bela princesa,
Sofreu a indiferença.
E não querer desposá-lo
Foi essa a suprema ofensa,
Por isso, deixou a jovem
À mercê da fera imensa.

Na gruta daquela fera
Era tudo aterrador:
Restos de seres humanos
Denunciavam o horror.
Vi que aquela criatura
Se alimentava da dor.

Ainda tremo ao lembrar
Daquele ente tão cruel
Que tinha os mesmos poderes
Do desgraçado Grendel,
Mas que sucumbiu à força
Do braço de Jorgor-El.

Ele, que havia perdido
O porte da realeza,
E que deixou envolver-se
Pelas névoas da tristeza,
Recuperou a sua égide
Quando encontrou a princesa.

A visão daqueles jovens
Pela dor tão combalidos,
Separados pela inveja,
Porém novamente unidos
Pelo poder do amor,
Deixou-nos bem comovidos.

Borg disse: — Eu me admiro
De tua longevidade.
Os meus avós já repousam
No seio da eternidade
Enquanto colhes as flores
Do jardim da mocidade.

— Meu jovem – tornou Guruk –
Nós dois somos quase iguais:
Quando os filhos de Skrimir
Se uniram com as mortais,
Fomos, aos poucos, perdendo
As heranças ancestrais.

E com os seres de Midgard
Passamos a conviver,
Por isso que não estou
Liberto de envelhecer.
Também o meu coração
Cessa um dia de bater.

Dizendo isso, conduziu
O moço a uma caverna,
Onde podia tratá-lo
De um ferimento na perna,
Afirmando: — Tranquiliza-te,
Aqui, urso não hiberna.

Ficarás em segurança
Enquanto te recuperas.
Esse teu anfitrião
Sabe lidar com as feras
Que assombram esta floresta
Desde as primitivas eras.

E, quando o rapaz ficou
Completamente curado,
Chamou o bravo gigante,
Dizendo: — Estás convidado
A voltar aos velhos tempos
Pelos quais és celebrado.

Eu sei que tens realmente
Força e coragem tamanhas
Para encher todos os vales
E estremecer as montanhas
Apenas com a notícia
Das tuas nobres façanhas.

— Estás certo, caro príncipe,
Tu me convenceste enfim,
Às tuas exortações,
Sem pensar, eu digo: sim.
Enquanto vida eu tiver,
Lutarei até o fim.

Vai na frente; eu tratarei
Depressa de acompanhá-lo.
Com meu passo gigantesco,
Eu não conheço cavalo
Que tenha grande vantagem
E eu não consiga alcançá-lo.

"Que sujeito presunçoso!"
Assim pensou o rapaz,
"Vou derrubá-lo do trono,
Deixando-o bem para trás;
Quando quiser alcançar-me
Já será tarde demais."

E em disparada gritou:
— Para a Jutlândia, gigante! —
Começando dessa forma
Seu galopar incessante.
O magnífico ginete
Não descansava um instante.

E quando o gigante achou
Já ser o suficiente
(O príncipe Borg estaria
Umas três léguas à frente),
Imprimiu seu passo incrível
Para alcançá-lo somente.

Assim partiu o gigante
Com a força de um tufão,
Transpondo rios de um salto,
Abrindo frestas co'a mão,
Aos ventos do Yggdrasil
Causando admiração.

Pensando Borg consigo
No quanto ia adiantado
Muitas léguas do gigante,
Foi num trote acomodado,
Tal não foi sua surpresa
Ao ver Guruk a seu lado.

Exclamou: — Filho dos ventos,
Ente sobrenatural,
Não estou bem convencido
Se és realmente mortal.
És emissário de Thor,
O guerreiro divinal?

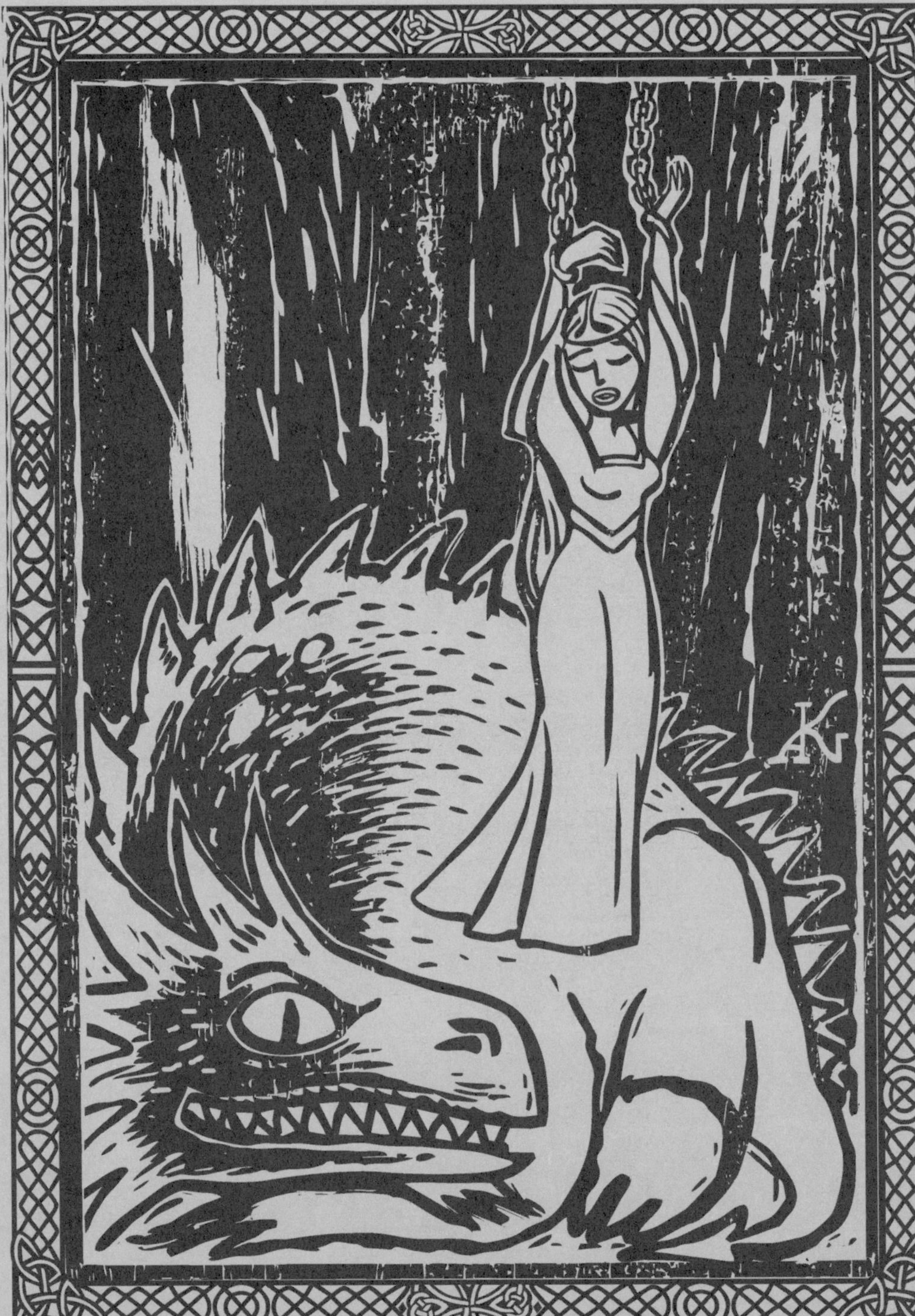

— Não sou deus – disse o gigante,
Já retardando o seu passo.
— Eu tenho nobre ascendência,
Porém, não venho do espaço.
Detém-te agora porque
Também conheço o cansaço.

Nesse ínterim, os heróis
Resolveram descansar.
No rio que guarda o anel
A sede foram matar.
As asas negras da noite
Envolviam o lugar.

Tinha uma superstição
Que o gigante respeitava:
Naquela negra floresta
Grande mistério reinava,
Quem a atravessasse à noite
Em árvore se transformava.

Aquela lenda cruel
O príncipe não conhecia,
Mas ele não duvidava
Dos poderes da magia,
Mesmo porque permeavam
Sua genealogia.

Borg buscava a Jutlândia,
Alvo da sua missão:
Ouviu rumores estranhos
De que aquela região
Estava sendo assolada
Por um terrível dragão.

E derrotar o tal monstro
Tornou-se o primeiro intento.
Sabia que esse dragão
Era um demônio sangrento
Que tinha na carne humana
Seu principal alimento.

Contou ao bravo gigante
Do que ele andava à procura,
E Guruk admirou-se
De seu senso de aventura
Que cruzava o limiar
Entre a razão e a loucura.

Encostado a uma árvore,
Borg foi logo vencido
Pelo cansaço, e o sono,
Esse grande intrometido,
Sem pedir licença, entrou,
Deixando-o entorpecido.

O sono o conduziu logo
A plagas muito distantes
E viu-se em férrea contenda
Contra alígeros gigantes,
Seres filhos da montanha,
Por demais apavorantes.

Entre as figuras disformes
Surgia linda donzela.
Só a ilusão poderia
Dar vida a moça tão bela.
O sonho ganhava forma:
Borg lutava por ela.

Muda o delírio de rumo,
Tornando-se encantador:
Se no inconsciente seu
Permeavam luta e dor,
Agora se iluminava
Com a luz de um nobre amor.

Depois que o moço acordou,
Ficou meio perturbado.
Não era fruto do acaso
O que ele havia sonhado...
Percebeu que seu futuro
Tinha sido revelado.

Mas todo sonho conserva
Uma densa atmosfera.
A jovem do seu delírio
Não sabia ele quem era,
Mas vislumbrava o amor
Preso naquela quimera.

Desde então, foi perseguido
Por grande inquietação,
Mas nada disse ao amigo
Daquela premonição,
E ele nada saberia
Das coisas do coração.

Agora, o moço acordado
Velava o sono do amigo,
E a noite com seus ruídos
Fazia-o pensar consigo
Se o sonho fora um presságio
Sobre algum fado inimigo.

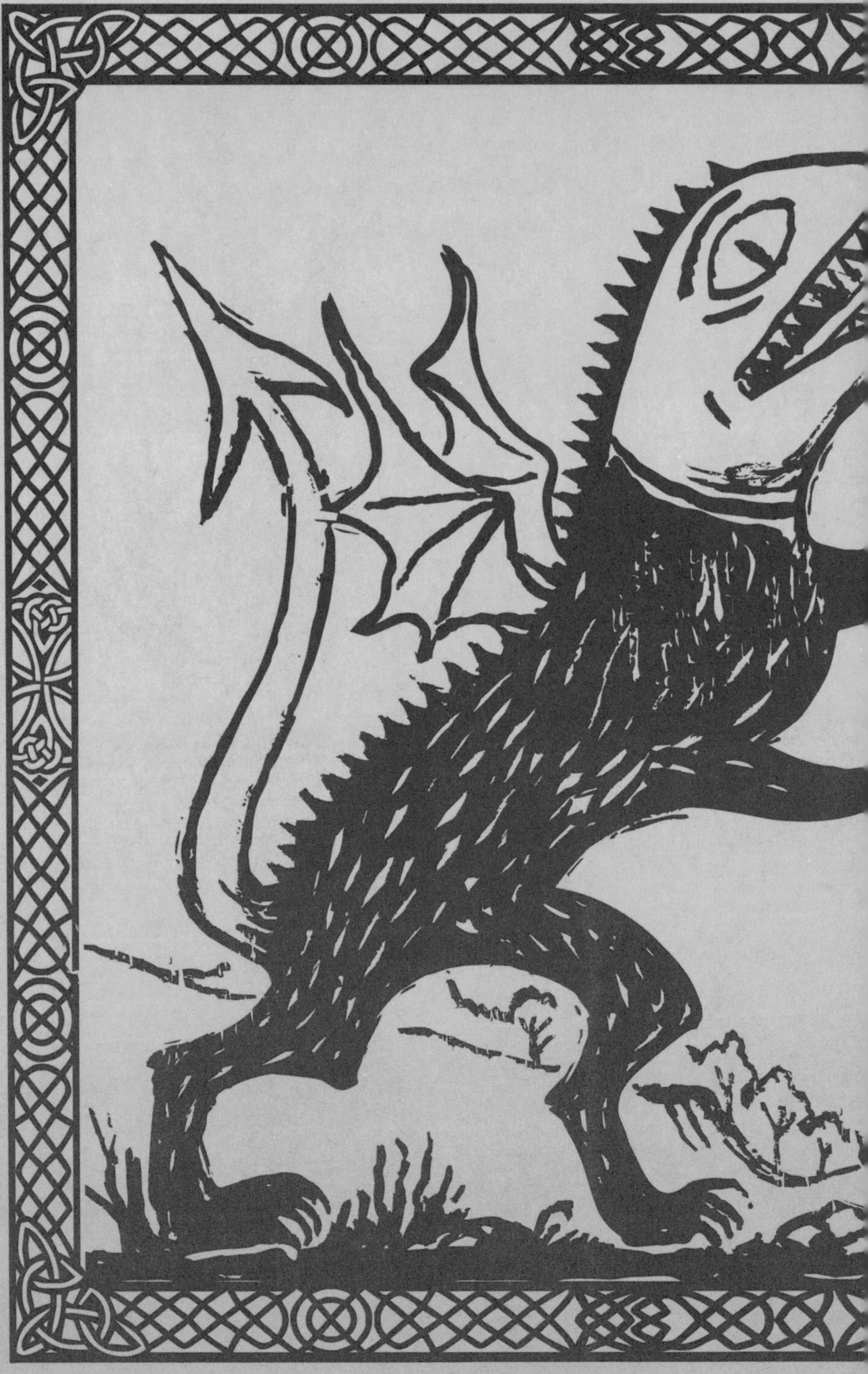

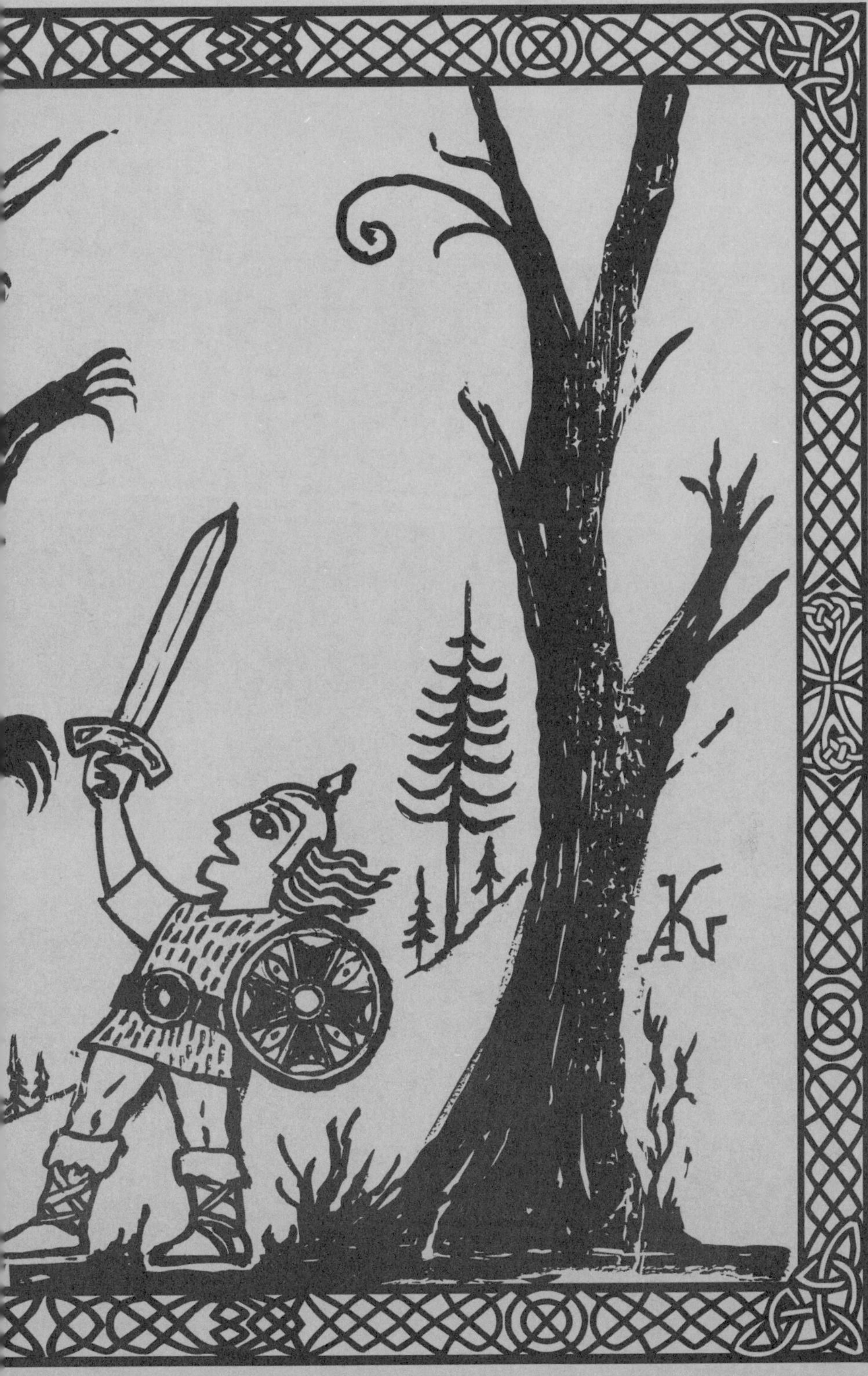

E enquanto ele meditava
Viu a presença da Aurora
Tingindo de rosa o céu
Indicando que era hora.
Gritou: — Acorda, Guruk,
Levanta e vamos embora!

Já retomada a missão,
Para a Jutlândia rumavam.
Uma terra devastada
Os guerreiros contemplavam.
O quadro era bem mais feio
Quanto mais perto chegavam.

O príncipe Borg, no íntimo,
Sentiu temor anormal
Ao ver a desolação
Que vitimava o local;
Viu-se impotente ante a força
Desse demônio do mal.

Entravam no território
Da atual Dinamarca,
Um país atormentado
Onde Seik era monarca
E onde era fácil notar
Do dragão do mal a marca.

Maus augúrios os guiavam
Àquela terra arrasada.
Lá viram o desespero
De uma gente infortunada,
Pedindo clemência aos deuses
Que no céu fazem morada.

Seik, o velho soberano,
Recostado a um coxim.
Por sua família e súditos,
Pedia auxílio a Odin:
Que lhe enviasse um herói
Para ao demônio dar fim.

Olhava tristonho o céu,
Indagando sobre a ofensa.
Só ouvia a voz de Thor
Transbordando indiferença,
Sendo assim asfixiado
Por sua primeva crença.

E dirigia-se aos deuses:
— Vós, que habitais o Valhalla,
Bani o cheiro da morte
Que o filho da noite exala.
Ouvi, artesãos da vida,
Esta voz que não se cala.

Privastes do meu carinho
Seis de minha descendência.
Não vos dirijo blasfêmias,
Peço vossa paciência:
Envolvei-me, potestades,
Na luz da vossa clemência.

Enquanto o rei se queixava
Aos deuses do seu flagelo,
Dois homens de espírito bélico
Marchavam rumo ao castelo.
O primeiro, uma montanha,
O segundo, um jovem belo.

Mas o povo da Jutlândia,
À desgraça acostumado,
Não estranhou o mancebo
Com o gigante a seu lado,
Não criando, assim, transtornos
Ao jovem predestinado.

Pela cidade em ruínas,
Borg e Guruk marchavam.
Quando os ventos estivais
Nas velhas ruas sopravam,
Da moribunda cidade
O brilho antigo mostravam.

Borg chegou ao castelo,
Onde pediu audiência
Com o rei daquela terra,
Enfatizando a urgência,
Pois da tragédia do reino
Tinha plena consciência.

E foi levado à presença
Do famoso governante,
Cujo olhar denunciava
O sofrimento constante:
A morte, sempre à espreita,
Alterou o seu semblante.

—Cavaleiro – disse o rei –,
Que fazes neste lugar,
Nesta terra miserável
O que vieste buscar?
Aqui, só dor e desgraça
Conseguirás encontrar.

Nossa terra é encharcada
No sangue dos inocentes.
De toda parte da Terra
Chegam guerreiros valentes
Que a besta vinda do Hell
Destroça usando seus dentes.

Por isso, muita cautela.
Se pensas em combater
Esse enviado de Loki,
Sonhando sobreviver;
Quem lutar com ele vai
O Valhalla conhecer.

— Oh!, insigne rei dos jutos
E de muitas possessões,
Já passei por muita coisa,
Aprendi muitas lições;
Por isso, não tenho medo
Da fúria de cem dragões.

Crede, Vossa Majestade,
Da morte não tenho medo,
Apesar de acreditar
Que pra mim ainda é cedo,
Quero vencer esse monstro
E descobrir seu segredo.

Um banquete foi servido
Para o ilustre estrangeiro,
Saciando assim a fome
Dele e a do seu companheiro,
Com diversas iguarias,
Um banquete verdadeiro.

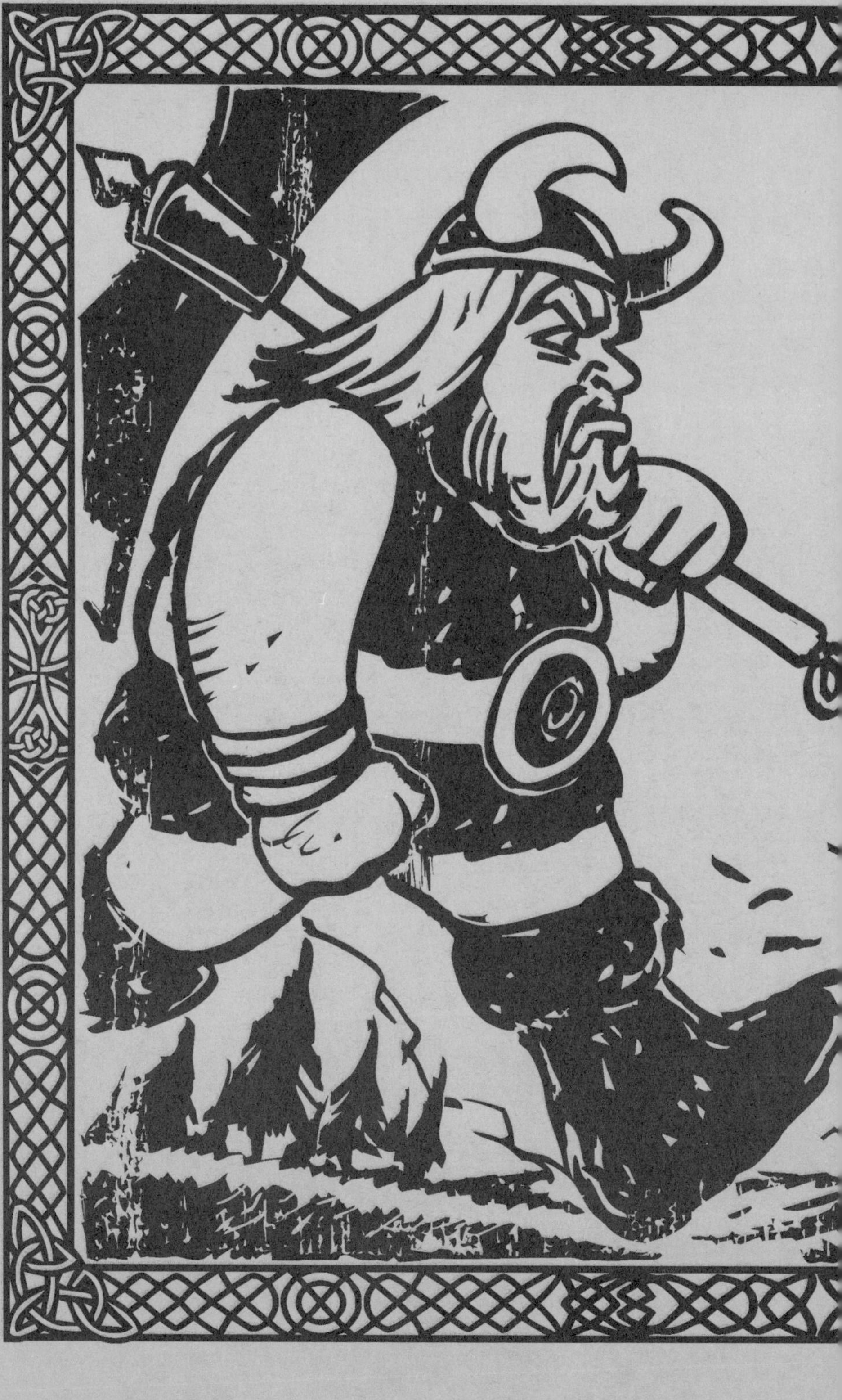

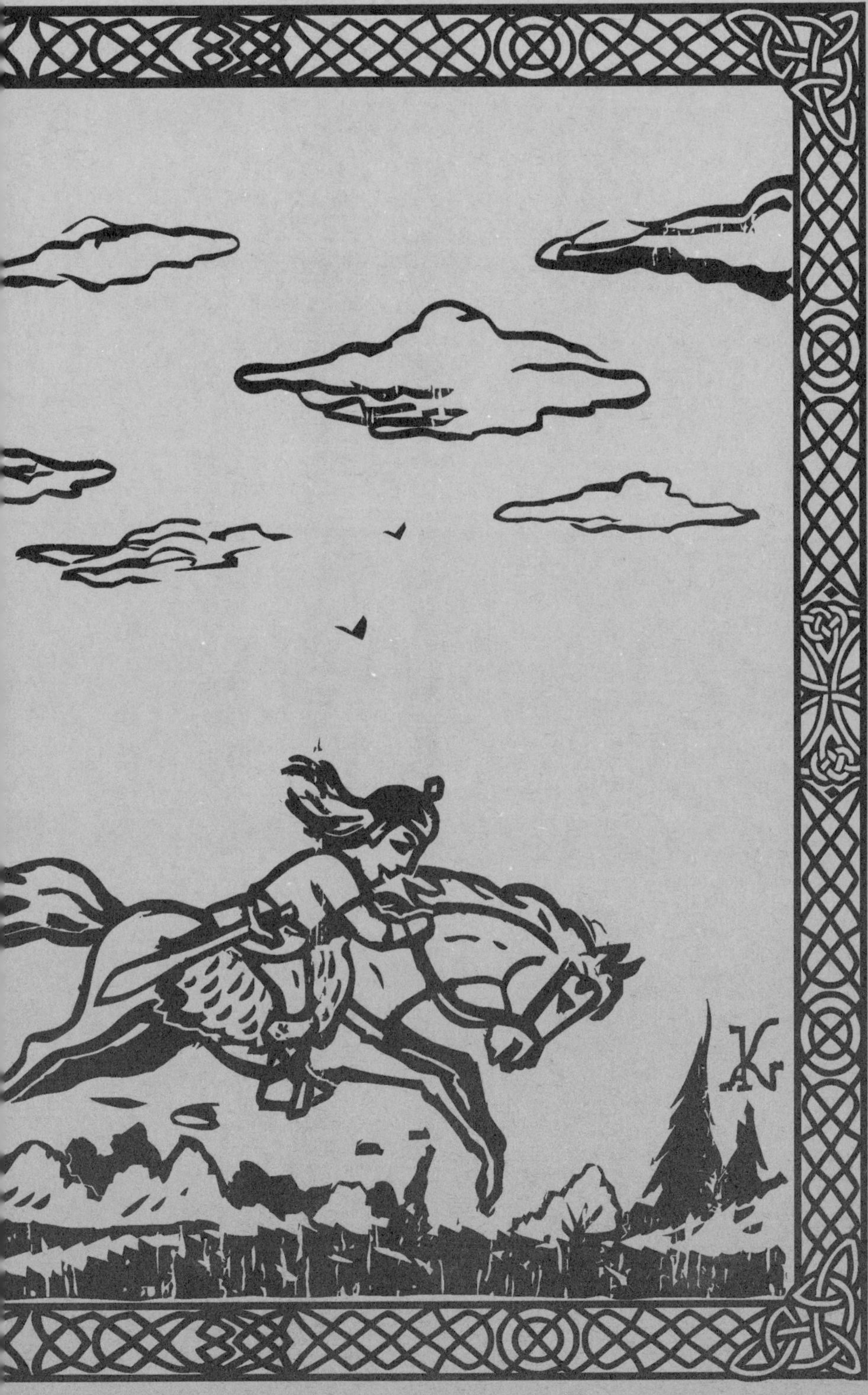

Nem bem eles terminaram,
Um bater d'asas se ouviu
À frente dos dois guerreiros
Um feio monstro surgiu.
Sem respeito à realeza
Ao príncipe se dirigiu.

— Quem é o que come à mesa
Do rei do nosso país?
Borg disse: — Eu não te devo
Explicação, infeliz!
Nisto o monstro gritou: — Rei,
Quem são os dois imbecis?

Quando Borg pôde olhar
Para aquela criatura,
Viu que era um ser abjeto
De monstruosa figura,
Com grandes asas de abutre
E uma espantosa estatura.

Quanto ao rosto desse ente,
A melhor comparação
Não pode ser com alguém
Do Reino da Criação,
Mas com um filho da Noite,
Da Morte ou da Maldição!

Quando o herói já buscava
Na bainha sua espada
O monstro deu grande salto,
O que para ele era nada,
E alçou voo, indo embora,
Dando enorme gargalhada.

— Rei, quem era aquela coisa? —
O guerreiro perguntou.
O velho monarca disse:
— Alguém que se aproveitou
De um momento de fraqueza
Que a um velho dominou.

Quando o enviado das trevas,
O dragão devorador,
Invadiu o nosso reino,
Trazendo tristeza e dor.
Tentei de todas as formas
Vencer o destruidor.

Vivi para ver meus filhos
Pelo demônio vencidos,
Meus soldados derrotados,
Meus súditos esmorecidos,
E os guerreiros mais ferozes
Como coelhos abatidos.

Mas um dia recebi
Uma comitiva estranha,
Que chegou acompanhando
O grande Rei da Montanha,
Que me fez uma proposta
Duma ousadia tamanha!

Disse ele que livraria
Meu reino do sofrimento,
Porém, exigia Fridda,
Minha filha, em casamento.
Então, respondi-lhe: Sim,
Naquele infeliz momento.

Com meus filhos todos mortos,
E meu reino se acabando,
Dei a mão de minha filha
A esse ente miserando,
Achando que de um problema
Estaria me livrando.

Aquele ser repelente,
Que aqui tu viste chegar,
É o mesmo a quem prometi
A minha filha entregar,
Mas com uma condição:
Ele do mal nos livrar.

E agora já nem sei mais
Se algum erro cometi,
Para salvar o meu reino,
Um mal menor preferi...
Hoje sei que um mal menor
Nunca anula o Mal em si.

O rei Seik nem havia
Terminado a narração
Quando sua bela filha
Apareceu no salão.
Borg quis cumprimentá-la,
Mas não teve reação.

Lembrou o sonho que teve,
No início muito medonho,
Mas depois de uma batalha
Surgia um Elfo risonho.
A linda princesa Fridda
Era a moça do seu sonho.

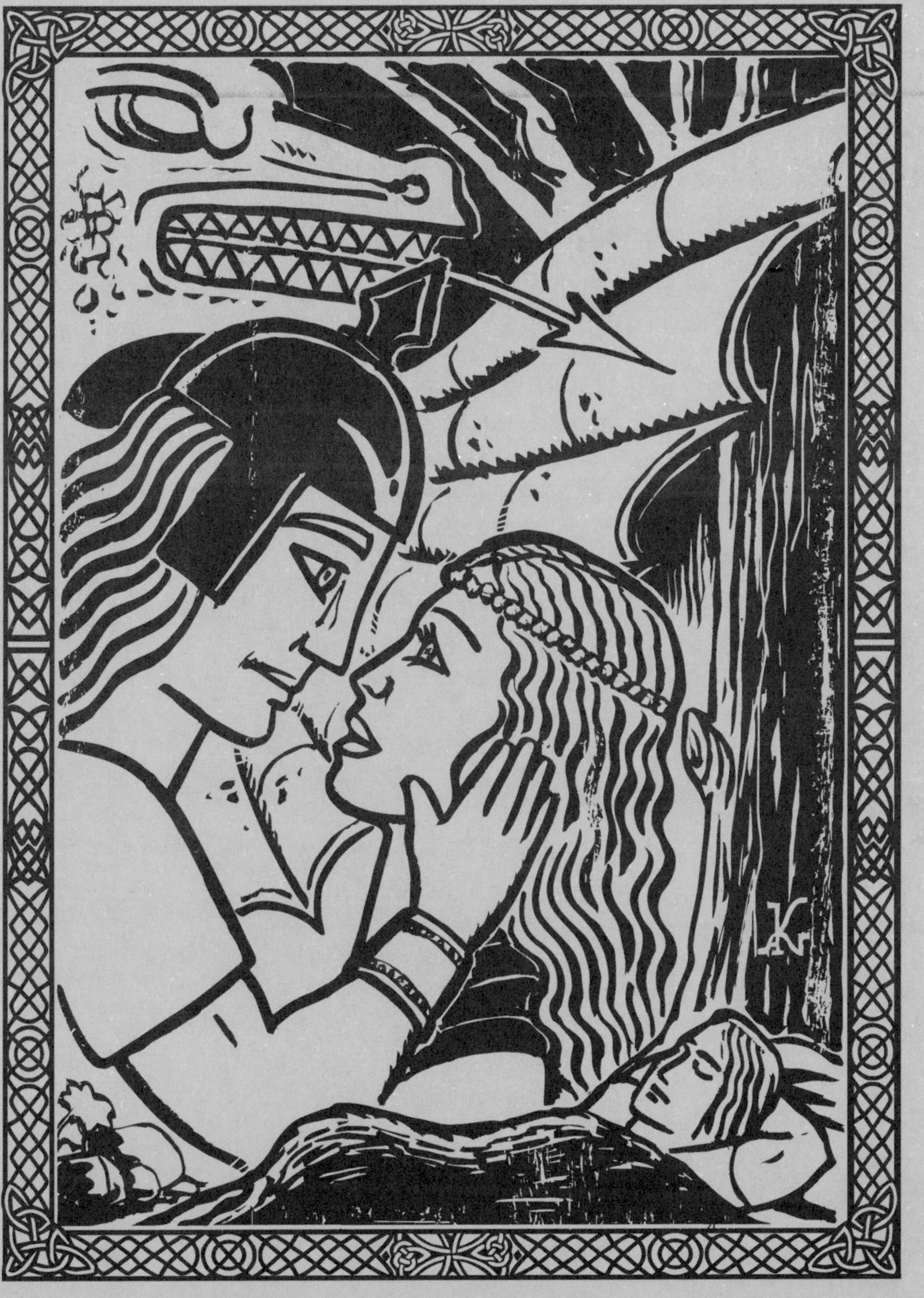

A jovem, com um sorriso,
Cumprimentou o guerreiro,
Já sentindo arder no peito
A chama do amor primeiro,
Amor que brota da alma,
Puro, santo e verdadeiro.

A mesma vênia ao gigante
A princesa ainda fez.
Mostrando que, além de linda,
Tinha muita polidez,
Porém já via fugir
Aos poucos a lucidez.

O rei Seik, nesse instante,
Vendo-se numa armadilha,
Pediu a uma criada
Que levasse a sua filha,
Privando o príncipe de olhar
Para aquela maravilha.

Saindo a moça, o seu pai
Expressou seu sentimento:
— Entendes agora, filho,
O terrível sofrimento:
Ter de entregar minha filha
Àquele monstro nojento?

Borg disse: — Majestade,
Descansa o teu coração.
Juro pela minha honra,
O meu maior galardão,
Que esta espada aqui dará
Cabo daquele dragão.

Porque, se o Rei da Montanha
O dragão não derrotar,
Fridda não é obrigada
A tal fera desposar,
Ficando livre do acordo
Que o senhor fez sem pensar.

Como já caía a noite
Sobre os países do norte,
Com ela chegou o sono,
O irmão gêmeo da morte,
Inimigo que derrota
Desde o mais fraco ao mais forte.

Enquanto a corte dormia,
A guarda se revezava,
Pois geralmente alta noite
O dragão do mal chegava
E para o Reino dos Mortos
Sempre alguém ele enviava.

Mas naquela noite todos
Puderam dormir em paz,
Foram poupados da fúria
Do inimigo voraz,
Que escapava de enfrentar
O corajoso rapaz.

Passaram duas, três noites,
O príncipe Borg à espera,
Do monstro remanescente
De uma primitiva era,
Mas, durante uma semana,
Ninguém viu sinal da fera.

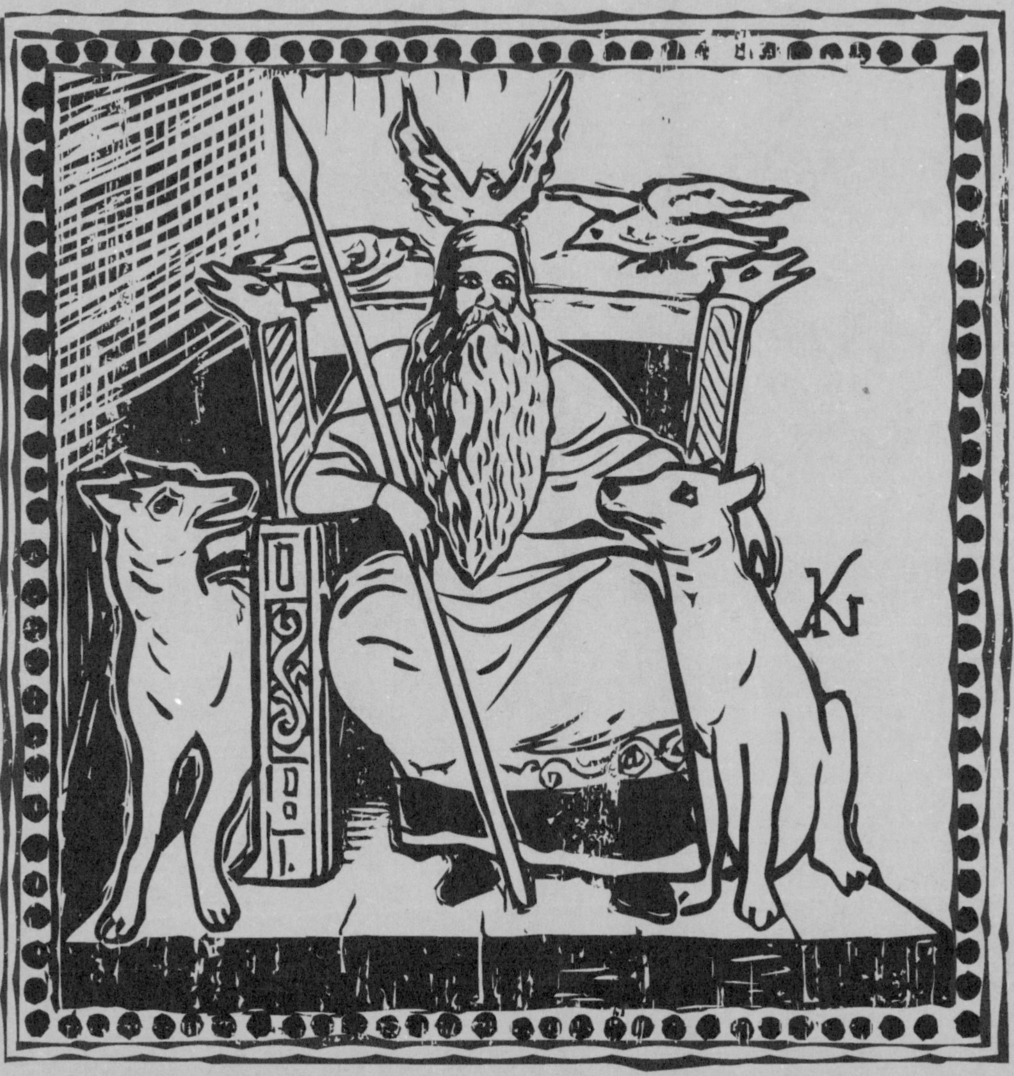

Todavia, em certa noite
Duma densa escuridão,
Um guarda saiu correndo
E tocando o carrilhão,
Gritando: — Acordai, depressa,
Pois já vem perto o dragão!

Borg levantou-se logo,
Pôs seu arnês prateado.
Guruk, seu grande amigo,
Também estava ao seu lado.
De combater o demônio
O momento era chegado.

Os dois chegaram ao pátio
Com muita disposição
No momento em que um soldado
Gritava com aflição,
Esmagado pelas garras
Do gigantesco dragão.

Dez guardas jaziam mortos,
Outros tentavam lutar,
Porém, com medo da fera,
Nem ousavam encostar.
Foi quando Borg e Guruk
Chegaram para ajudar.

O gigante destemido
Contra o dragão avançou,
Vibrou-lhe um possante golpe,
Mas o monstro levantou
Uma das garras, e o golpe
Com toda a calma aparou.

E desferiu um sopapo
Contra o ousado gigante,
Mesmo não pegando em cheio
Jogou-o muito distante.
Se ele não fosse tão forte,
Estaria agonizante.

Porém, o bravo Guruk
Já caiu desacordado.
Borg, percebendo aquilo,
Bradou: — Monstro desgraçado!
Vem já provar o sabor
Do meu aço temperado!

O monstro olhou para trás
E viu o moço insolente
Que ousava desafiá-lo,
Se passando por valente,
Sem saber que, desta vez,
O caso era diferente.

E Borg, de espada em punho,
Pelo dragão esperou,
Quando a fera deu o bote,
O rapaz se desviou
E no pescoço do monstro
Um grande golpe vibrou.

Aquele animal medonho,
Que tanta maldade fez,
Recebeu do moço o golpe,
Com incrível rapidez;
Desse modo, acabou sendo
Ferido a primeira vez.

Mesmo assim, inda que a força
Pelo rapaz empregada
Fosse capaz de deixar
A maior fera prostrada,
Para o dragão não foi mais
Que uma pequena pancada.

Deu um, dois, três, quatro botes
Com o pescoço comprido,
Mas nas suas tentativas
Não fora bem-sucedido,
Porque Borg para a luta
Estava bem prevenido.

Quando percebeu que o monstro
Já se encontrava cansado,
O grande herói investiu,
Num movimento estudado,
Cravando o aço no tórax
Do monstro endemoninhado.

Mesmo ferida de leve,
A criatura infernal
Sentiu que aquele momento
Era de todo anormal
E que de sua existência
Se aproximava o final.

Borg, vendo que o momento
Boa ventura trazia,
Brandia o aço no bicho,
Que bem pouco se mexia;
O peso do desgraçado
O moço favorecia.

Notando a luta perdida,
O dragão tentou voar.
Mas para isso acontecer,
Tinha de se preparar
E sair em disparada
Para o espaço galgar.

E Borg, sem piedade,
Vendo do monstro o cansaço,
Descia nele a espada
Com toda a força do braço.
Enfim, o dragão tombou
Sentindo o peso do aço.

Contudo, o rapaz perdeu
Na grande luta a espada
Que fora de seu avô
E por isso era estimada,
Pois no derradeiro golpe
Ficou inutilizada.

É impossível narrar
Do rei a satisfação
Quando viu tombar sem vida
O impiedoso dragão,
E o herói que o abateu
Sequer tinha um arranhão.

Vendo a fera derrotada,
Os guardas foram chegando,
Sobre o assassino morto
Os golpes descarregando.
Do troféu da glória alheia
Eles foram se apossando.

O rei Seik, ao ver aquilo,
Disse: — Chega de escarcéu.
A derrota deste monstro,
Demônio vindo do céu,
Cabe a este herói e ele
Terá o maior troféu.

Borg, porém, dispensando
Os despojos do dragão,
Deu ao rei a sua parte
E, na mesma ocasião,
A cabeça do demônio
Ficou em exposição...

Sob o trono do monarca
Foi ela exposta em memória
Do feito do príncipe Borg,
Da proeza meritória,
Gravando pra todo o sempre
O nome dele na história.

— Bebida! Tragam bebida! —
Gritou o rei animado.
— Bebei em honra do bravo
Que salvou nosso reinado.
Naquele instante, Guruk
Levantou sobressaltado.

Porém, ao ver o dragão
Sem vida no chão caído,
Compreendeu, sem esforço,
Que o moço havia vencido,
E também foi tomar parte
No festejo merecido.

Prosseguiram festejando
Até que o galo cantasse,
A noite se despedisse,
Nova Aurora despertasse
E de tons róseos tingisse
Do amanhecer a face.

Durante toda a vigília,
Fridda, a mais linda donzela,
Se fez presente, porém,
Triste ocasião aquela,
Nem ela falou com ele,
Nem ele falou com ela.

Pareciam pressentir
Que enquanto ria o reinado,
Pensando que os dissabores
Fossem coisa do passado,
Para os dois, o infortúnio
Tinha apenas começado.

Finda a festa, após o sono,
O rei chamou o guerreiro,
Dizendo: — Príncipe godo,
Eminente cavaleiro,
De ti pretendo fazer
Do reino juto o herdeiro.

Bem sei, minha filha nutre
Por ti verdadeiro amor,
E eu, que nestes velhos ossos,
Já não tenho mais vigor,
Passarei o trono àquele
Que foi o seu salvador.

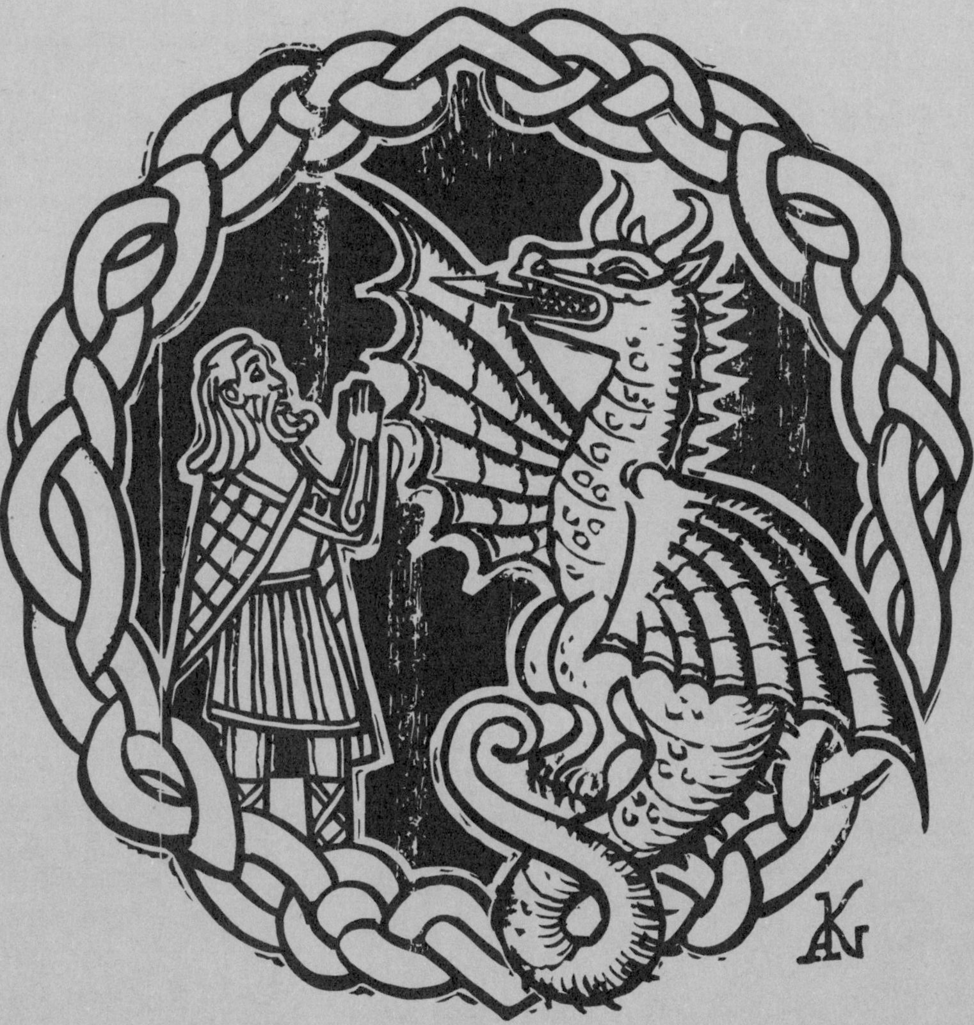

O herói tentou falar,
Mas naquela ânsia tão louca,
Era como se tivesse
Inteligência tão pouca
Que os pensamentos tangiam
A fala da sua boca.

Por fim, disse: — Majestade,
Tua proposta eu aceito.
Por derrotar o dragão,
Conquistei esse direito.
Somente, o Rei da Montanha
Não ficará satisfeito.

No dia que se seguiu,
A corte toda feliz
Reuniu a soldadesca,
Com os súditos do país,
Que, contentes, devoraram
A carne dos javalis.

Na festa, o bom soberano
Bradou: — Meu povo, escutai:
Minha amada filha Fridda
Desposar um bravo vai.
O Cavaleiro de Prata
Hoje ganhou mais um pai.

A moça, que lá estava,
Ouvindo a declaração,
De alegria radiante,
Pôs a mão no coração.
Em seu peito crepitava
A fogueira da paixão.

Todo o povo dava vivas
Ao salvador estrangeiro.
Borg acenava sorrindo,
E Guruk, prazenteiro,
Dizia: — Agora serás
Deste país o herdeiro.

O Cavaleiro de Prata
Já pensava no futuro,
Quando o céu, que estava claro,
Na hora tornou-se escuro.
Lá vinha o Rei da Montanha
Com seu exército impuro.

O monstro pousou no pátio,
Como uma abominação,
Berrando: — Quem foi o tolo
Que derrotou meu dragão?
Pois atraiu para o reino
A mais triste maldição!

Borg retrucou: — Canalha,
Se existe algum tolo aqui,
És tu, criatura torpe,
Mais feia de quantas vi.
Vais ter o mesmo destino
Do demônio que venci.

O monstro disse: — Palerma,
Já bebeste além da conta!
Tua pira funerária
Esta noite estará pronta
E minha espada terá
Um asno na outra ponta.

Borg, ouvindo o tal motejo,
Perdeu de todo a razão
E seguiu em disparada
Com uma espada na mão
Enquanto o Rei da Montanha
Conservava a posição.

Mais uma vez o castelo
Foi palco de feroz luta.
Borg pediu que Guruk
Não entrasse na disputa,
E que a guarda do castelo
Seguisse a mesma conduta.

Também o Rei da Montanha
Pediu a seus comandados
Que, no decurso do embate,
Se conservassem parados.
Assim, os dois combateram,
Sem ajuda de aliados.

Borg avançou para o monstro
Como um raio abrasador,
Vibrou-lhe grande espadada,
Mas este, bom lutador,
Defendeu-se e deu um grito,
Pleno de raiva e rancor:

— Maldito, com a princesa
Tu jamais irás casar!
— E quem irá me impedir? —
Disse o moço a motejar.
— Abutre, tu hoje ainda
Vais a morte desposar.

E conseguiu acertar
Em cheio o Rei da Montanha.
Este já caiu prostrado,
Derrotado em sua sanha,
Borg feriu-o no ombro,
Mais uma grande façanha.

Contudo, outros homens-pássaros
Do monstro se aproximaram.
Para defender seu líder,
Alguns com Borg lutaram,
Porém, não tiveram sorte:
Sem vida no chão tombaram.

Guruk também entrou
Na briga para valer.
Ferido, o Rei da Montanha,
Com medo de ali morrer,
Conseguiu ganhar os ares
E entre as nuvens se esconder.

Os soldados do rei Seik
Dispararam muitas setas,
Porém, não puderam ser
Felizes em suas metas,
Mas Borg foi celebrado
Por cantores e poetas.

Teimoso, o Rei da Montanha
Jamais se deu por vencido:
Viu que enfrentar o rapaz
Seria tempo perdido
E pôs-se a pensar num jeito
De matar esse atrevido.

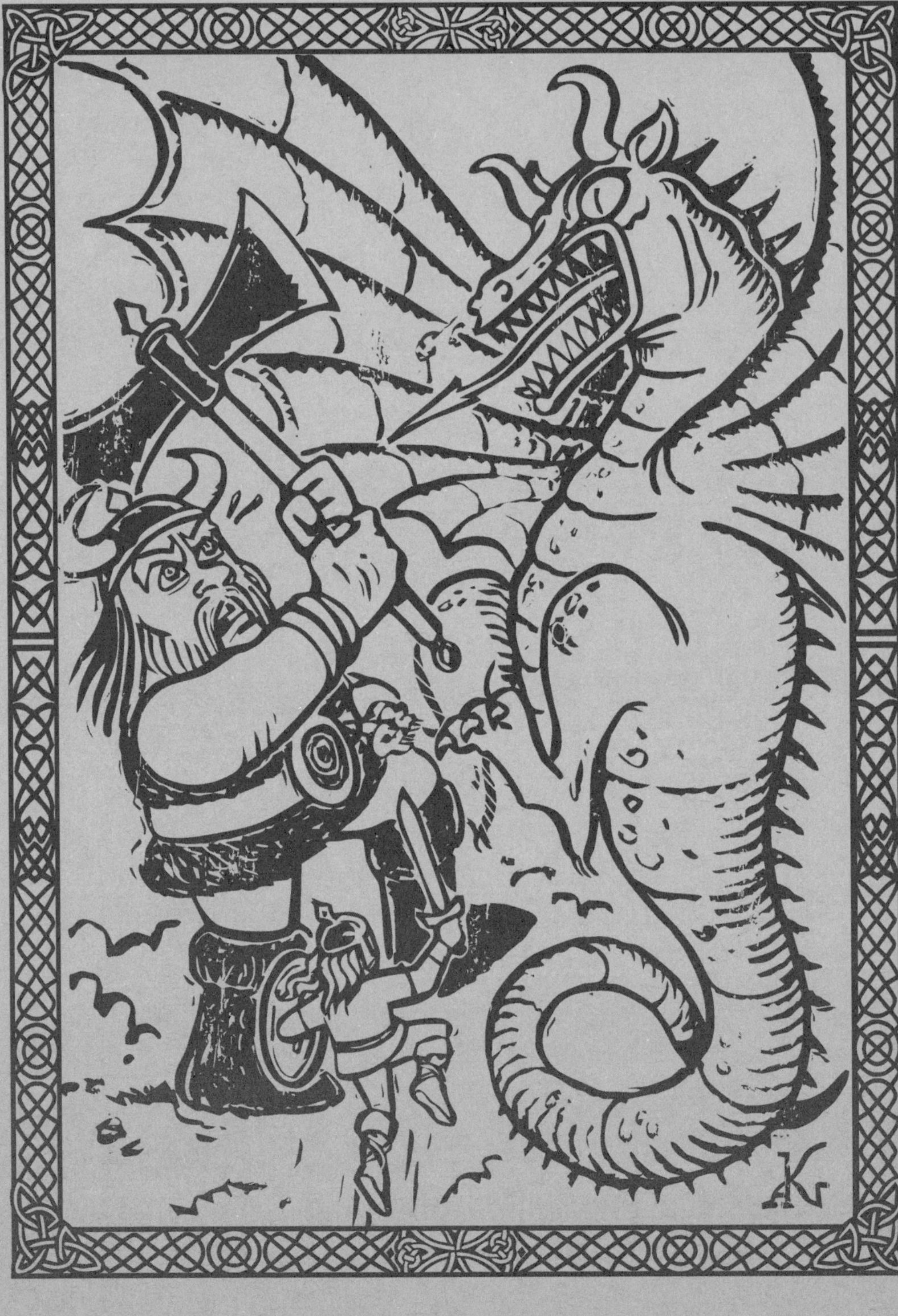

Ao chegar aos seus domínios,
Num castelo tenebroso,
Foi se restabelecer,
Vociferando, raivoso,
Que da bela Fridda nunca
O moço seria esposo.

Um soldado que o seguira
No seu malogrado intento
Disse: — Vossa Majestade,
Perdoe meu atrevimento,
Mas eu possuo o remédio
Para seu padecimento.

Enquanto meu rei lutava
Com tão infame guerreiro,
Fui ver de perto o dragão
Morto pelo cavaleiro,
Pois quem abate um demônio
É um herói verdadeiro!

— E o que tenho a ver com isso? —
Berrou o rei irritado.
— Acalme-se, Majestade,
Não fique assim tão zangado,
Pois, graças a mim, o príncipe
Será logo derrotado.

Há uma lenda que diz
Que há muito tempo viveu
O gigante mais perverso
Que este mundo conheceu,
Mas, pelas mãos do deus Thor,
Esse monstro pereceu.

E, conforme a tradição,
Aquela fera esquisita,
Unindo-se a outros monstros,
De feição nada bonita,
Espalhou por toda a terra
A sua prole maldita.

Esses monstros miseráveis
Foram vencidos por Thor;
Mas Odin, o pai do herói,
Como divindade-mor,
Intercedeu na matança
E sobreveio o pior.

Odin achava que os homens
Deviam ser castigados
E assim esses monstros eram
Como flagelos mandados
Para punir os humanos
Pelos deuses condenados.

Resignado, o deus Thor
Interrompeu a matança.
Os monstros ficaram livres
Para a terrível vingança
Contra os homens, pois os deuses
Demônio nenhum alcança.

O Rei da Montanha disse:
— Que tem a ver o dragão
Morto pelo jovem Borg
Com a tua narração?
E em que vai nos ajudar
Essa tua explanação?

— Majestade, esse dragão
Tem o sangue envenenado,
Herança duma serpente
Que, num tempo recuado,
Procriou do tal gigante
Que foi por Thor derrotado.

Esse sangue pestilento
Mata qualquer ser vivente,
Rompe estruturas metálicas,
Abate todo valente,
Pois tem o mesmo veneno
Da demoníaca serpente.

O rei, já impaciente,
Começou a resmungar:
— Ainda não entendi
Aonde queres chegar...
— Majestade, tenha calma,
Que já vou finalizar:

Enquanto meu rei lutava,
Fui até o pavilhão
Onde estavam sendo expostos
Os despojos do dragão,
E mergulhei esta espada
No sangue da maldição.

E mostrou para o Rei-Pássaro
Sua espada incandescente:
Com manchas enegrecidas
Do veneno mais potente,
Dizendo: — Contra esta arma
Não há quem seja valente.

Naquela noite sinistra
No mais medonho covil,
Os monstros, confabulando,
Pensaram num torpe ardil
Para vencer em combate
O guerreiro varonil.

E ao palácio do rei Seik
Seguiu um feio soldado.
Ao Cavaleiro de Prata
Ele levava um recado:
Para um singular combate
Borg foi desafiado.

E por isso, no palácio,
Se foi a serenidade.
O casamento marcado
Era assunto na cidade,
Mas o medo de outro ataque
Gerava intranquilidade.

Borg, ao perceber aquilo,
Chamou o rei à sacada
E disse: — Meu pai, agora,
Seguirei noutra jornada
Para varrer desta terra
A prole amaldiçoada.

Com aqueles monstros vivos
A paz estará distante,
Nossa gente viverá
Um medo sempre constante.
Vou matá-los no covil
Junto a Guruk, o gigante.

Se ninguém mais nos seguir,
Entenderei o motivo.
Amanhã vou à montanha,
Com meu porte sempre altivo
E juro: Não deixarei
Nenhum monstro escapar vivo.

Se vós quiserdes marcar
O casamento com Fridda
Daqui a duas semanas,
Acho acertada a medida,
Pois este será o dia
Mais feliz da minha vida.

Naquele momento, a moça
Já adentrava o salão,
E ouvira a parte final
Daquela conversação,
Causa de uma dor aguda
Que lhe feriu o coração

O pai lhe beijou a face
E deixou os dois a sós.
Ela dirigiu-se a Borg,
Com certo tremor na voz:
— É verdade o que escutei?
E se for mesmo, ai de nós!

— É verdade, sim, querida! —
Disse, bem firme, o rapaz.
— Lutarei mais uma vez,
Provarei que sou capaz,
Conquistando para nós
A liberdade e a paz.

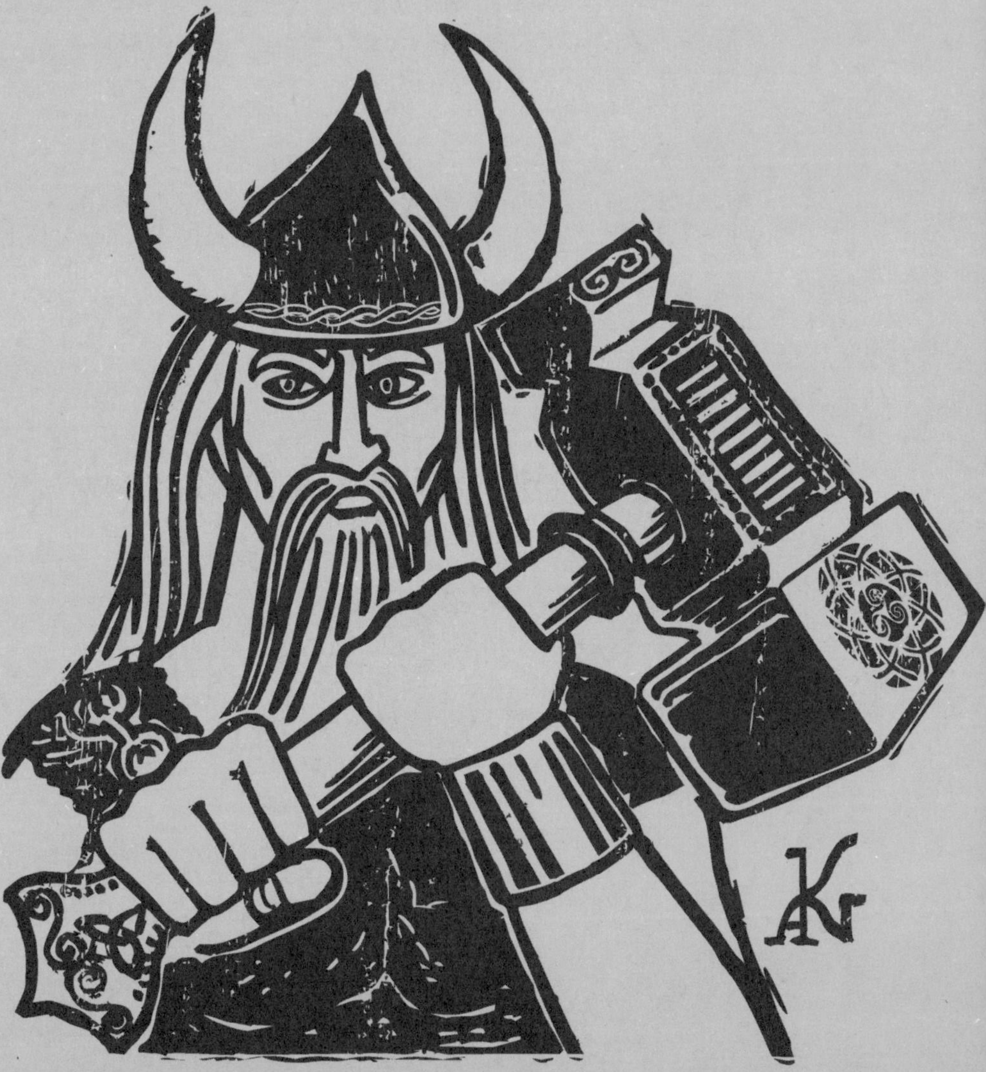

Amo-te mais do que tudo,
Nunca te esqueças, querida,
Porém, o amor sem honra
É uma causa perdida.
Luto por nós, pela paz
E pelo direito à vida.

— Oh!, Borg, só não me peças
Para ocultar o desgosto,
Para estancar estas lágrimas,
Que agora regam meu rosto,
Pois, até o teu retorno,
Ficarei como o sol-posto.

Exijo tua promessa,
Nesse instante turbulento,
De que voltarás a tempo
De fazer o casamento.
— Prometo – disse o rapaz –
E perante Thor sustento!

Sob a luz da Lua cheia,
Os rostos se aproximaram,
Os corpos no mesmo instante
Bem mais unidos ficaram.
O amor mostrava a estrada
Que os belos jovens trilharam.

Ele, então, foi descansar
Pois já era madrugada,
E precisava aprontar-se
Para a terrível jornada
Que o conduziria até
A grande serra nevada.

Dormiu pouco, mas tranquilo.
Com a noite ainda escura,
Acordou e preparou
Sua brilhante armadura,
Suprimentos, vestimentas,
Visando à grande aventura.

Dos soldados do rei Seik,
Ninguém quis acompanhá-lo.
Somente o bravo Guruk,
Que nunca mostrou abalo,
Fazia o percurso a pé,
Seguindo o moço a cavalo.

Os dois guerreiros marcharam
Em direção à montanha,
Pensando em levar a cabo
A derradeira façanha,
Pra livrar a humanidade
Daquela ameaça estranha.

Dias depois da partida,
Chegaram ao seu destino,
E no sopé encontraram
 O exército assassino,
Mas não havia sinal
Do grande monstro ferino.

Homens-pássaros se armaram
De maças, clavas, espadas,
Marcharam contra os heróis
Como feras assanhadas,
Alguns suspensos no ar,
Com as armas afiadas.

Borg lançou muitas setas,
Esvaziando a aljava;
Nisso, foi afortunado,
Pois, quando a flecha cortava
O ar, um monstro gemia
De dor e depois tombava.

Guruk também mostrava
Toda a sua valentia.
Quando brandia a espada
Um monstro morto caía.
Parecia ser o fim
Da raça horrenda e bravia.

Nesse ponto, um general
Gritou: — Tolos, desgraçados!
Por estes dois miseráveis
Seremos exterminados.
Nossa única salvação
É deixá-los bem cansados.

Vamos subir a montanha,
Pois, ficando no sopé,
Nós, mesmo dotados de asas,
Somos expostos até
À morte, pois este Borg
Parece um demônio, e é.

E, rumo à alta montanha,
Seguiram em revoada.
Os dois amigos cansados,
Depois da luta pesada,
Descansaram todo o dia,
Já pensando na escalada.

E, de fato, com denodo,
Começaram a subida
Rumo ao covil do Rei-Pássaro,
Na batalha pela vida,
Pela honra, pela paz,
Pelo futuro, por Fridda.

Em dois dias, foram ter
Ao covil daquelas feras,
Para o combate final,
Depois de muitas esperas,
Preparando ali o pólen
De futuras primaveras.

O cansaço era evidente,
Porém, ninguém reclamava.
Ao notar os invasores,
Um dos soldados gritava,
Mas, varado pela flecha
De Borg, logo tombava.

Os companheiros abutres,
Sem temer o moço forte,
Davam gritos estridentes;
Nem assim tiveram sorte
E, pelas mãos dos heróis,
Cedo encontraram a morte.

Nesse instante, apareceu
Vomitando imprecações
O tosco Rei da Montanha,
O mais feio dos vilões,
Empunhando grande espada,
Com perversas intenções.

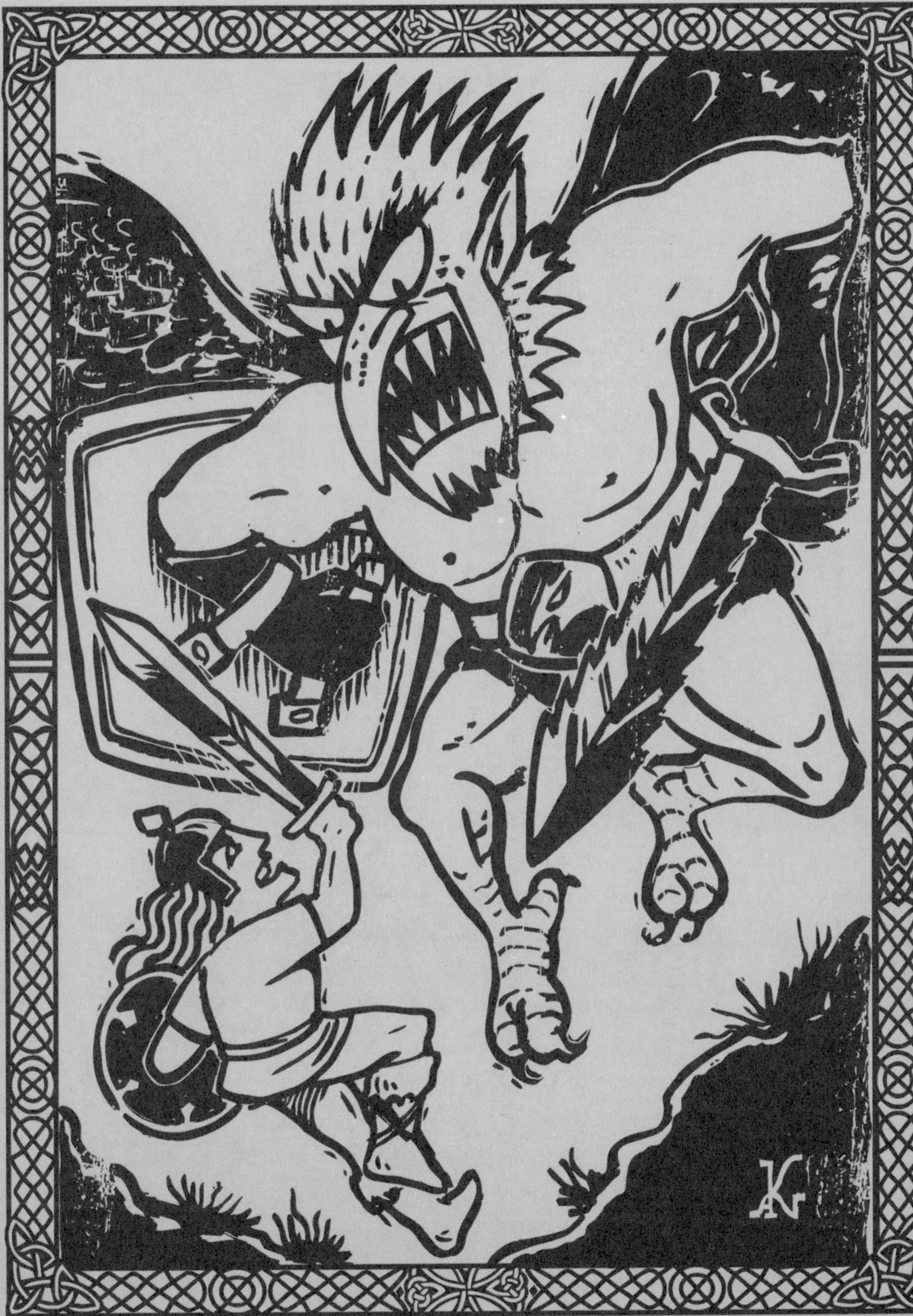

Gritou aos seus comandados:
— Dele ninguém chegue perto!
E, em direção ao rapaz,
Desferiu um golpe certo.
Mas Borg se desviou,
Mostrando ser muito esperto.

Além do Rei da Montanha,
Vivos só restavam dez.
Lutavam contra Guruk,
Porém, não houve revés
E logo todos tombaram
Sem vida sob os seus pés.

O Cavaleiro de Prata
Lutava como um leão,
Pois ferira o inimigo
No peito, no ombro e na mão,
Soberano no combate,
Sem sofrer um arranhão.

O Rei da Montanha, vendo
Aquela luta perdida,
Bradou: — Se eu aqui morrer,
Entrega um recado a Fridda:
Diz-lhe que nesta contenda
Por ela perdi a vida.

Ouvindo a provocação,
Borg se descontrolou,
E, erguendo a possante espada,
Da guarda se descuidou:
O Rei-Pássaro em seu peito
Um forte golpe acertou.

A couraça o protegeu
Mas a espada, mesmo assim,
Causou leve ferimento
Que não seria ruim
Se não fosse a traição
Que lhe antecipava o fim.

Sorrindo, o abutre falou:
— Adeus, príncipe valente!
Corre agora em tuas veias
O veneno mais potente —
Borg notou que seu corpo
Estava todo dormente.

Sentiu suas vistas turvas,
Na boca um grande amargor,
O corpo pegando fogo
E tal foi o seu torpor
Que gritou: — Guruk amigo,
Ajuda-me, por favor!

O gigante, quando ouviu
Falar o seu camarada,
Foi para cima do monstro
Sem atinar com mais nada
E sobre a feia cabeça
Descarregou a espada.

Acabava de uma vez
Aquela prole maldita,
Mas, para o príncipe também,
Foi muito grande a desdita,
Pois, pensando na promessa,
A sua alma estava aflita.

E disse a Guruk: — Amigo,
Peço-te neste momento
Que me leves ao castelo,
Enquanto me resta alento,
Pois a Fridda prometi
Não faltar no casamento.

Saibas que nas minhas veias
Corre como maldição
O poderoso veneno
Retirado do dragão,
Por cilada do destino,
Vencido por esta mão.

Tira, Guruk, de mim
A reluzente armadura,
Antes, grande protetora,
Agora, triste tortura,
A testemunha fiel
Da derradeira aventura.

Chorando, o gigante disse:
— Não fales mais, meu amigo,
Eu te levarei com vida,
Sem temer qualquer perigo.
Os teus olhos verão Fridda,
Podes fiar no que digo!

Pela parte menos íngreme
Da serra amaldiçoada,
O grande homem desceu
Com a alma transtornada
Para levar o rapaz
Onde estava a sua amada.

Meus bons leitores, deixemos
Os dois guerreiros agora
Para falarmos de Fridda,
Que tais fatos ignora
E sonha com o retorno
Do herói que tanto adora.

Cinco dias se passaram
E, conforme o combinado,
O casamento de Borg
Com Fridda estava marcado
Para, em seguida ao enlace,
Novo rei ser aclamado.

Com as ruas enfeitadas,
Muitas flores nas varandas,
As jovens de louras tranças
Mostravam suas guirlandas
E o reino todo esperava
Por novidades mais brandas.

Por volta das nove horas,
Com carregado semblante,
À capital da Jutlândia
Chegava o bravo gigante,
Conduzindo num cavalo
 O guerreiro agonizante.

Aquela cena causava
Aperto no coração.
O gigante só gritava
Tomado pela emoção:
— Abram alas para o príncipe,
Salvador desta nação!

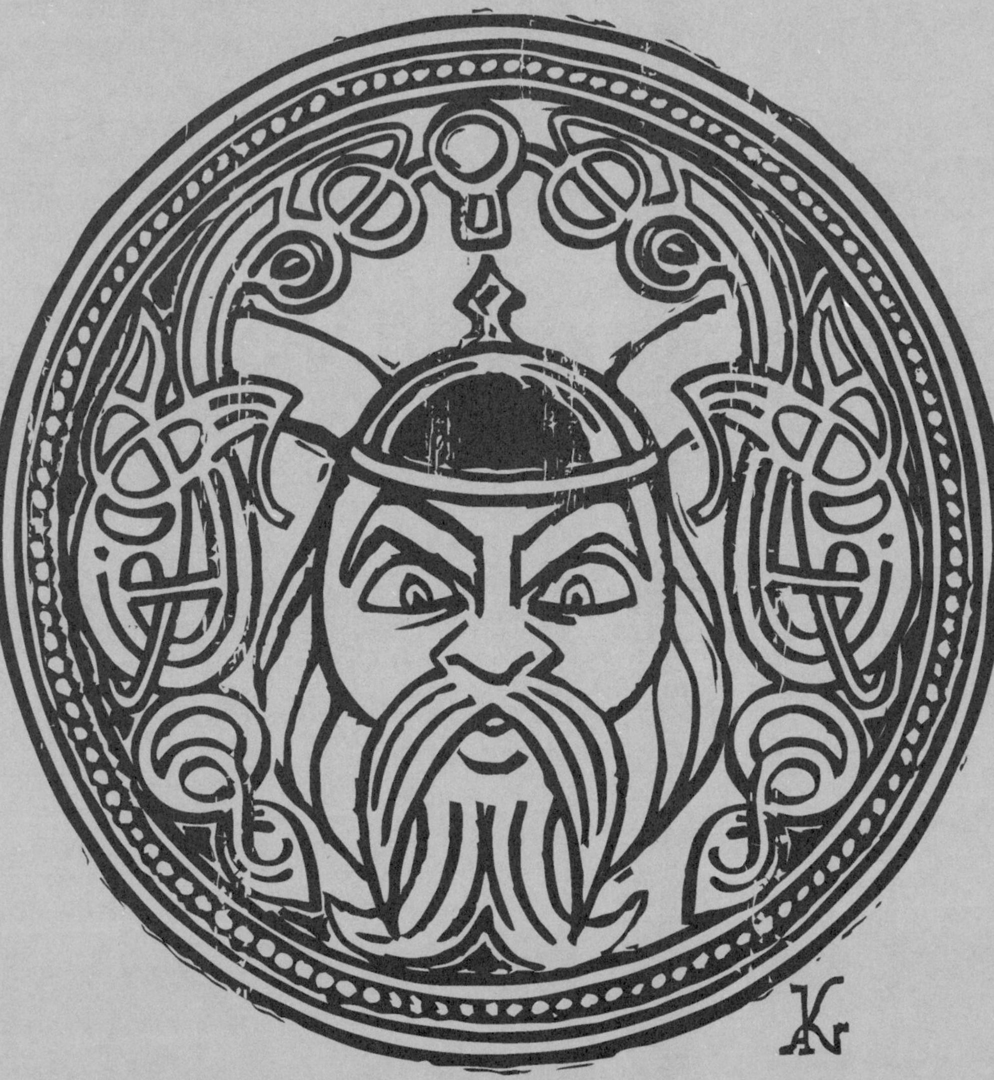

Sob um frondoso carvalho,
Toda a corte reunida
Aguardava o nobre Borg,
Que empenhara sua vida,
Para a linda cerimônia
De casamento com Fridda.

A moça toda exultante,
Em seu vestido bonito,
Envolta em flores silvestres,
Ouviu rumor esquisito,
E quando viu o gigante
Deixou escapar um grito.

Correu até o cavalo,
Viu Borg nele amarrado
Sobre uma espécie de banco
Por Guruk improvisado
E perguntou: — O que houve?
Responde-me, meu amado!

Borg só fez pedir água,
No que foi logo atendido,
Quando desceu do cavalo,
Já bastante esmorecido,
Disse: — Fridda, meu amor,
Vim cumprir o prometido!

Por uma ferida apenas
Vejo minha alma fugir.
Um veneno poderoso
Está a me consumir,
Mas, sem cumprir minha jura,
Não poderia partir.

Nada mais pôde dizer,
Pois o espírito fugia
E pela ponte Bifrost
Para o Valhalla subia.
O Cavaleiro de Prata
Em outro plano nascia.

Fridda não pôde conter
A dor intensa, o desgosto,
E com suas próprias mãos
Feriu o seio e o rosto,
Causando pena a quem viu
Seu aspecto descomposto.

E, sem muito refletir,
A boca dele beijou.
O veneno poderoso
Dela também se apossou.
Sem razão para viver,
Sobre o amado tombou.

Seik, o rei daquelas terras,
Que há pouco rejubilava,
Vendo a filha e o genro mortos,
Como criança chorava.
E, abraçado com os dois,
O destino praguejava.

E por mais de uma semana
Os dois foram pranteados.
Numa pira funerária
Depois foram colocados
Na posição em que estavam,
Bem unidos, abraçados.

No local da cerimônia,
Passado um tempo surgiu
Um broto, que cresceu tanto,
Tanto, e se sobressaiu:
Foi o mais belo carvalho
Que neste mundo se viu.

E em torno deste carvalho
Sem que houvesse uma semente,
Floresceu dourado visco,
Que, num abraço fremente,
Envolvia o companheiro,
Como um mistério pungente.

Passaram-se muitos anos
E a história virou lenda.
No local da cerimônia,
Hoje fica uma fazenda
Com um segredo escondido
Que só o bardo desvenda.

Contam que, na Lua cheia,
O local é visitado
Por um homem corpulento,
Que, para um desinformado,
Passa por ser simplesmente
Um fantasma do passado.

A história não se perdeu,
Pois meu poema a retrata.
O tempo que a sepultou
É o mesmo que a resgata,
Rememorando as façanhas
Do Cavaleiro de Prata.

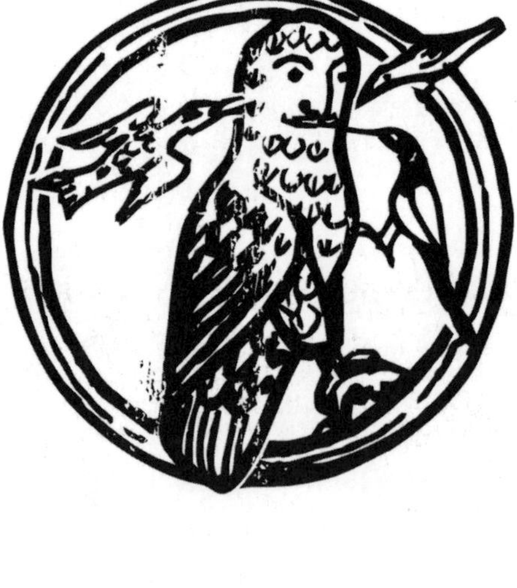

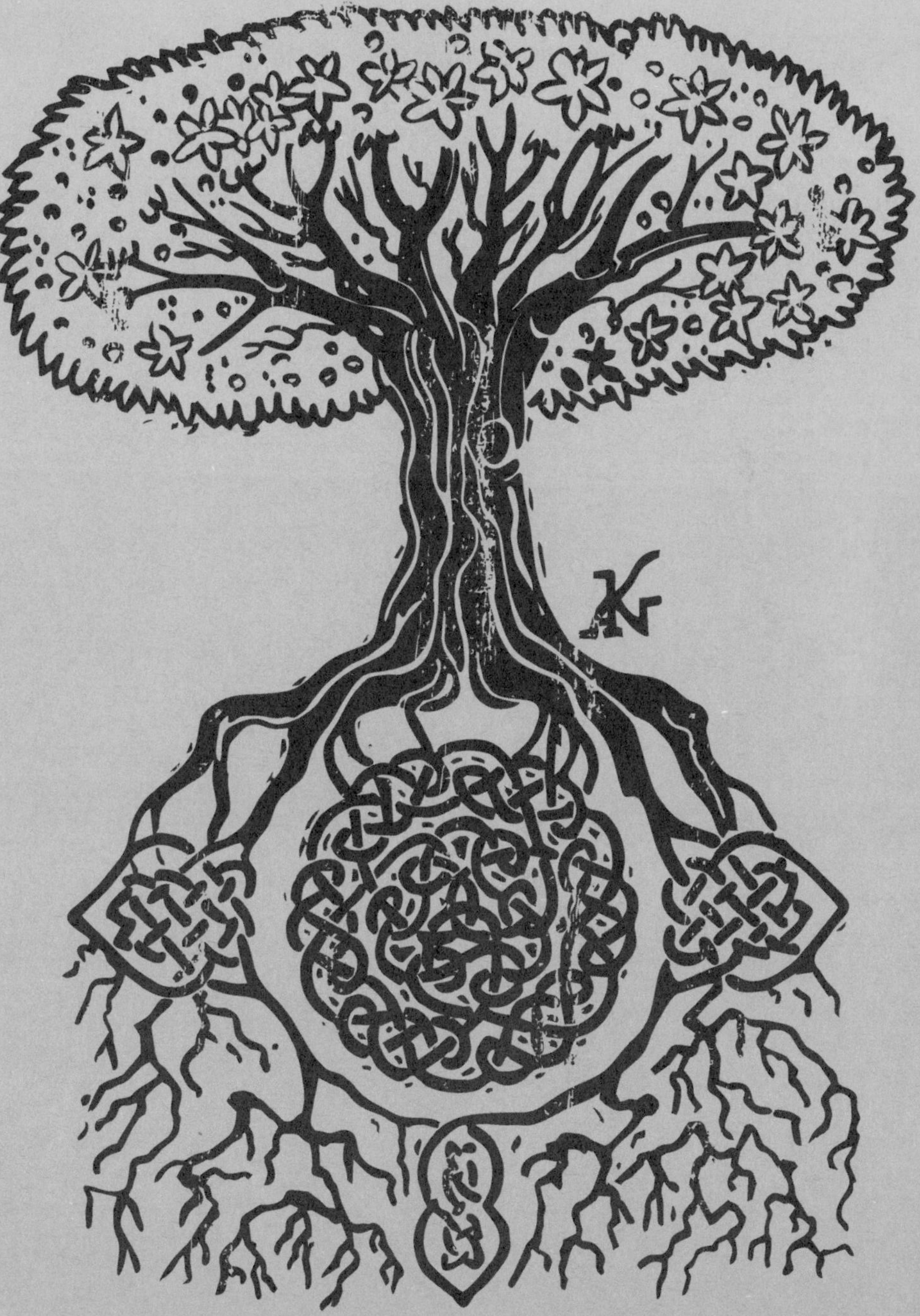

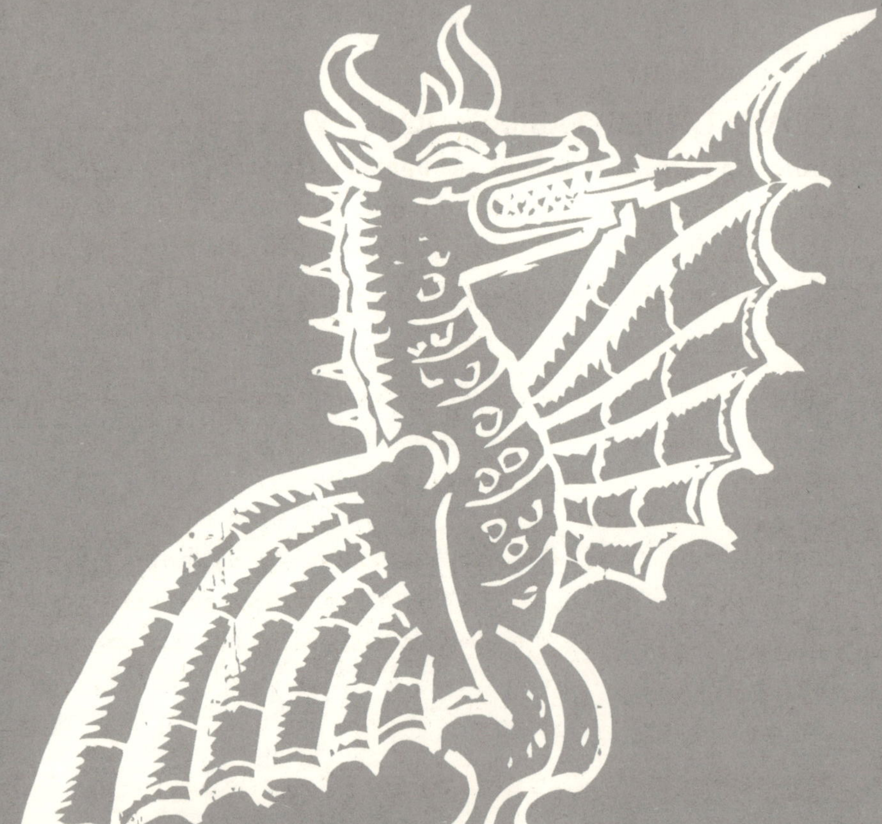

GLOSSÁRIO

"COMO UM RAIO ABRASADOR" – Verso coletivo da poesia bárdica do nordeste brasileiro que figura no clássico *História de Juvenal e o Dragão*, de Leandro Gomes de Barros. Não foi invenção deste notável poeta, pois, antes, já figurara num poema que Cruz e Sousa dedicara a Julieta dos Santos: "Quer escalar o templo do impossível,/ Bem *como um raio abrasador*, terrível!...".

ELFO – As *Eddas*, livros que preservaram as sagas dos deuses e heróis nórdicos, citam uma classe de seres mágicos, os Elfos, que, mesmo inferiores aos deuses, eram dotados de muitos poderes (segundo Thomas Bulfinch, *O livro de ouro da mitologia*). Dividiam-se em dois grupos: os Elfos de luz, que habitavam uma terra mítica, o Alfhrim, e os Elfos da escuridão, que habitavam as cavernas e as entranhas da terra e eram capazes das maiores torpezas. O escritor britânico J. R. R. Tolkien (1892-1973) aproveitou-os na saga *O Senhor dos Anéis*.

GRENDEL – Gigante antropomorfo que azucrinava a corte de Hrothgar, rei dos daneses (ancestrais dos dinamarqueses), até se deparar com Beowulf, o grande herói da Gotlândia, que o vence em combate singular.

HELL – O mundo inferior, o inferno, ou Nifleheim, na mitologia nórdica. Diferente da concepção ocidental, influenciada por crenças herdadas das culturas mesopotâmicas, egípcia e hebraica, entre outras, na qual o inferno é um lugar dominado pelo fogo, o inferno dos nórdicos é gelado. A palavra também designa a deusa dos mortos, *Hella*, e se traduz como "alvo", "claro". Essa deusa aparece no conto *Dona Holle* (*Senhora Flocos de Neve*), dos Irmãos Grimm, ajudando-nos a entender a origem da palavra *hole* (abismo, buraco, em inglês) e sua ligação com o mundo subterrâneo.

LOKI – Deus trapaceiro por excelência na mitologia nórdica, cuja ambivalência o torna, por vezes, aliado, e, em outras ocasiões, rival de Thor e dos demais deuses. É o pai do lobo Fenris, da serpente do Midgard e de Hella. Descendente dos gigantes, foi admitido no Valhalla. Dissimulado e cheio de truques, é o causador da morte do deus Baldur, sendo por isso punido de forma exemplar: atado a uma montanha, recebia no rosto o hálito venenoso de uma monstruosa serpente. No Ragnarok, é libertado e morrerá em combate com Heindall, guardião do Valhalla.

MIDGARD – Literalmente, Terra Média ou Terra do Meio. É a parte do cosmo que serve de morada aos seres humanos e foi formada da testa de Ymir, o gigante do gelo primordial, morto pelos deuses irmãos Odin, Vili e Ve.

MOONA (ou Máni) – Deus da Lua na mitologia nórdica. Deu origem à palavra inglesa *moon*. É irmão de Sunna, a deusa do sol.

"O RIO QUE GUARDA O ANEL" – O Reno, o maior rio da atual Alemanha. O anel do Nibelungo, forjado pelos deuses, faz parte da grande saga protagonizada pelo notável herói Siegfried, matador de um poderoso dragão, e pela valquíria Brunhilde, que, por se apaixonar por ele, perde a imortalidade.

ODIN – Uma das grandes divindades da mitologia nórdica, também conhecido como Votan. Não é o deus supremo, como muitos supõem, pois acaba conhecendo sua finitude durante o evento cósmico Ragnarok, o Crepúsculo dos Deuses.

PONTE BIFROST – O arco-íris, o elo entre o mundo dos homens (Midgard) e o dos deuses (Asgard).

SKRIMIR (ou Skrymir) – Gigante que habitava o Jotunheim e se envolvera numa aventura cômica protagonizada pelo deus Thor. À noite, enquanto o gigante dormia, Thor, seu companheiro de jornada, desfecha-lhe um violento golpe com seu martelo mágico, o Mjolnir, mas o grandalhão, motejando, pergunta se lhe caíra uma folha na cabeça. Diante de Utgard-Loki, que é um disfarce do gigante, Thor é convidado a realizar mais façanhas, como esvaziar um enorme chifre cheio de bebida. Depois de outras passagens semelhantes, na despedida, o gigante conta que, na verdade, o malho do deus atingira não a sua cabeça, mas a montanha, causando-lhe grande fissura. E que o chifre, que o deus não conseguira esvaziar, estava ligado ao oceano, que baixara consideravelmente depois da aventura!

SUNNA – Deusa solar na mitologia nórdica. Deu origem à palavra inglesa *sun*. Durante o dia, conduz dois cavalos, Arvak e Alsvid, do leste para o oeste, enquanto tenta escapar do feroz lobo Skoll.

THOR – Deus dos trovões e dos raios na mitologia escandinava, equivalente ao germânico Donnar. Grande inimigo dos gigantes do gelo, está sempre envolvido em grandes aventuras com seu martelo Mjolnir. No Ragnarok, graças à sua força descomunal, consegue derrotar a serpente Jormungand, filha de Loki, mas não resiste à sua peçonha e acaba morrendo.

VALHALLA – O magnífico palácio dos deuses liderados por Odin, localizado no céu (Asgard, o topo do Yggdrasil).

YGGDRASIL – O freixo Yggdrasil é a grande árvore cósmica da mitologia nórdica. Suas raízes vão até Asgard (morada dos deuses), Jotunheim (a terra dos gigantes) e Nifleheim (o reino da escuridão, governado por Hella). Nos domínios da deusa tenebrosa, uma monstruosa serpente, Nidhogge, rói as raízes sem cessar. Pelos galhos da grande árvore passam voando quatro veados, os quatro ventos.

BIOGRAFIAS

MARCO HAURÉLIO

Escritor, editor, dramaturgo e folclorista, nasceu no sertão baiano, na localidade Ponta da Serra, município de Riacho de Santana. Tem vários livros publicados, entre os quais os infantis *A lenda do Saci-Pererê*, *Traquinagens de João Grilo* (ambos pela Paulus) e *A megera domada* (recriado em cordel com base no original de William Shakespeare). Lançou, ainda, *A lenda do Batatão* (Sesi-SP), *Peripécias da raposa no Reino da Bicharada* (LeYa), *A saga de Beowulf* (Aquariana) e *Os 12 trabalhos de Hércules* (Cortez).

Pesquisador das tradições populares, empreende, desde 2005, um trabalho de recolha, classificação e catalogação das manifestações da cultura espontânea. Desse trabalho nasceram alguns livros de contos populares, a exemplo de *Contos folclóricos brasileiros* (Paulus). Pela mesma editora, lançou *Literatura de cordel – do sertão à sala de aula* e *A canção do Tio Dito*. Foi consultor, no campo da cultura popular e da literatura de cordel, para a telenovela *Velho Chico* (TV Globo), de Edmara Barbosa e Bruno Luperi.

KLÉVISSON VIANA

Nasceu em 1972, em Quixeramobim, sertão central do Ceará. Estreou como poeta em 1998 e desde então publicou mais de cem folhetos de cordel. Também dirige uma coleção em que publica poetas populares clássicos e contemporâneos, à frente da Tupynanquim Editora. Seus trabalhos foram adaptados para o teatro e a televisão, a exemplo do folheto *A quenga e o delegado*, exibido no programa *Brava gente*, da TV Globo, com Ana Paula Arósio no elenco. Também é cartunista com inúmeros prêmios nacionais, incluindo três HQMix.

Ilustrou vários livros infantis e juvenis e centenas de capas de folhetos. Sua parceria com Marco Haurélio é duradoura e inclui, entre outros livros, *A megera domada em cordel* e *O Conde de Monte Cristo em cordel*, ambos pela Nova Alexandria, *Traquinagens de João Grilo* (Paulus), *A roupa nova do rei ou O encontro de João Grilo com Pedro Malazarte* (Volta e Meia) e *Peripécias da raposa no Reino da Bicharada* (LeYa).

Direção editorial
MIRIAN PAGLIA COSTA

Direção de infantojuvenis
HELENA MARIA ALVES

Coordenação "Cordel na Estante"
MARCO HAURÉLIO

Preparação e Revisão de texto
PAGLIACOSTA EDITORIAL
BRUNO D'ABRUZZO

Projeto gráfico e diagramação
MAURICIO NISI GONÇALVES